Altas Capacidades, y ahora ¿qué hacemos?

Guía práctica para docentes y familias

Altas Capacidades,
y ahora ¿qué hacemos?

Guía práctica para docentes y familias

Inés Cabezas • Susana García-Moya

© Editorial Popular, Madrid, 2025
Camino de Hormigueras, 122 bis
Planta 3, Nave Q1
28041 Madrid
Tel.: 91 409 35 73
E–Mail: popular@editorialpopular.com
www.editorialpopular.com

Diseño de portada: José F. Bedmar

Imprime: Cooperación Editorial S.L.
I.S.B.N.: 978-84-7884-990-1
D. L.: M-13512-2025

Printed in Spain – Impreso en España

Nuestra mirada está clara en cada línea: respetuosa con el niño, rigurosa con lo educativo, valiente en lo pedagógico y profundamente humana.

Dedicatoria

Como no sabemos escribir sin ofrecer opciones (ni hacer una clase sin pensar en caminos distintos), aquí te dejamos varias dedicatorias. Elige la que más te llegue al corazón… o combínalas a tu gusto. Que para eso este libro también es tuyo.

A nuestras familias,

Por vuestra paciencia sin reloj, por no huir cuando oísteis por enésima vez "tenemos una idea", por soportar comidas tarde, cambios de planes y portátiles encendidos a todas horas, y por acompañarnos, incluso cuando no sabíais muy bien en qué lío nos habíamos metido esta vez.

Por ser apoyo, impulso y cariño del bueno.

A nuestra maravillosa red de apoyo docente, esos amigos con vocación de héroes (sin capa, pero con mucha creatividad) que convierten un simple abrazo y un café en un gran equipo de trabajo. Gracias por inspirarnos a crecer y por demostrar que la mejor forma de brillar es hacerlo todos juntos.

A los docentes que no se rinden, que prueban, fallan, vuelven a intentar, y siguen creyendo que cada alumno merece una mirada única. Gracias por ser semilla de cambio.

A José y a Sergio, por vuestra santa paciencia. Por creer siempre en cada aventura que emprendemos.

Y, sobre todo, a nuestros hijos. Por vosotros empezó todo.

Índice

Dedicatoria 7
Prólogo 17
Antes de Empezar
Una imagen para empezar a transformar el aula 21
Una mirada desde dentro 22
¿Para quién es este libro? 23
Si este libro fuera un viaje, este sería el comienzo 23

BLOQUE 1. Mirar con otros ojos: la alta capacidad vista de verdad

Capítulo 1. Qué NO es la alta capacidad 25
1. Un concepto que aún genera confusión 25
2. Mitos persistentes 26
3. Lo que NO es un indicio de alta capacidad 27
4. No solo alta capacidad: doble o múltiple excepcionalidad 28
5. Dificultades del sistema educativo 29
6. Alta capacidad, una ley sin medios 30

Capítulo 2. Qué es y cómo es la alta capacidad 33
1. Un fenómeno complejo y diverso 33
2. Las ciencias que la estudian 34
3. Qué es y cómo se define hoy la alta capacidad 34
4. ¿Se nace o se hace? 35
5. Perfiles de alta capacidad 37
6. Características frecuentes de la alta capacidad 39

7. Sensibilidad, intensidad y percepción 39
8. Algunos ejemplos que podemos encontrar en el aula 42

Capítulo 3. La alta capacidad en la escuela 47
1. Lo que no siempre se ve: señales 47
2. Cuando el sistema educativo dice una cosa, pero hace otra 48
3. Cómo funciona y aprende su cerebro en el aula 49
4. Aprender o memorizar 50
5. ¿Cuáles son sus necesidades? Por qué es NEAE 51
6. Detección de indicios en el aula 52
7. Qué hacer desde el aula 53
8. Cuando el filtro es el que mira: nuestros sesgos 54
9. Consecuencias de la no atención 55
10. Cuando "no lo vemos" 57
11. Conocerlos mejor 58

Capítulo 4. Cómo se vive en casa 60
1. El punto de partida: intuición, dudas y soledad 60
2. Lo que no se nombra, no se atiende 62
3. ¿Cómo se comportan en casa? 63
4. Cómo aprender a acompañar desde casa 64
5. Capacidad compleja: otro nombre, otra mirada 66
6. El papel fundamental de las asociaciones 70

BLOQUE 2. Evaluar para comprender, no para clasificar

Capítulo 5. Evaluación Psicopedagógica 73
1. Qué es la evaluación psicopedagógica 73
2. Cómo se identifica la alta capacidad 74
3. La evaluación es el primer paso, no el objetivo final 75
4. ¿Cómo se identifica? 75
5. ¿Cuándo y quién decide evaluar? 76
6. Detección con pruebas colectivas 79
7. El perfil sensorial: una mirada más profunda 79

Capítulo 6. Función de la evaluación ... 82
1. Evaluar no es etiquetar: es entender para acompañar... 82
2. ¿Qué debe incluir una evaluación de alta capacidad?... 82
3. ¿Qué pruebas se utilizan? ... 83
4. ¿Y si solo se mide el CI? ... 86
5. ¿Quién realiza la evaluación y cómo debe comunicarse? 88

Capítulo 7. Leer, comprender y usar los informes ... 90
1. El informe no es el final: es el comienzo de una nueva mirada ... 90
2. ¿Qué debe incluir un informe útil? ... 90
3. ¿Qué hago con el informe si soy familia? ... 91
4. ¿Qué hago con el informe si soy docente? ... 92
5. ¿Qué hacer si no hay acuerdo o si faltan cosas? ... 92

BLOQUE 3. Cómo acompañar en el aula

Capítulo 8. Lo importante no es identificar, es responder... 95
1. La respuesta educativa es el verdadero objetivo ... 95
2. ¿Qué tipo de medidas se pueden aplicar? ... 96
3. ¿Qué es la flexibilización y cuándo es bueno aplicarla?... 97
4. ¿Y si no se responde tras la identificación? ... 99
5. ¿Quién se encarga de qué? ... 100

Capítulo 9. Del aula tradicional a la personalizada y multinivel ... 103
1. Así empieza la personalización ... 103
2. Hoja de ruta para comenzar con confianza ... 104

Capítulo 10. Personalizar en el aula diversa: opcionalidad y reto ... 108
1. Qué es personalizar (y qué no) ... 108
2. Personalizar no es individualizar ... 109
3. Personalizar es atender la diversidad de verdad ... 109
4. ¿Cómo se personaliza en el aula inclusiva? ... 110

5. Estrategias sencillas y posibles 111
6. Llegar a la diversidad de perfiles 112
7. Anticipar desde la programación: el aula como punto de partida 112
8. Evaluación previa antes de enseñar: obligatorio para personalizar 113
9. Opciones, reto y respeto 115

Capítulo 11. Diseño de actividad multinivel en el aula personalizada 117
1. ¿Qué es enseñar en multinivel? 118
2. Cómo diseñar una propuesta multinivel paso a paso 118
3. ¿Qué tener en cuenta para que funcione? 120
4. Algunos ejemplos de tareas multinivel 121

Capítulo 12. Gestionar el aula personalizada y multinivel .. 125
1. No se trata de tener todo bajo control, sino de tener un orden 125
2. ¿Cómo se gestiona un aula así? 126
3. Rutinas y hábitos: el secreto para que fluya 128
4. Roles y seguimiento: claves para que fluya (sin que dependa de ti) 128
5. Herramientas de seguimiento: visualizar para avanzar .. 130
6. Contratos de trabajo y autonomía guiada 132

Capítulo 13. ¿Qué necesita un alumno con alta capacidad en clase? 134
1. Ver más allá del expediente 134
2. Necesidades reales y cómo atenderlas 135
3. Cómo adaptar sin segregar: el enfoque multinivel y diferenciado 136
4. El papel del docente: referente emocional, no solo académico 137

Capítulo 14. Pensar bien, aprender mejor: cultura del pensamiento 140
1. Pensar es más que entender 140
2. ¿Qué es la cultura de pensamiento? 141
3. ¿Cómo empiezo? Estrategias sencillas 141
4. Las preguntas poderosas: pensar desde las destrezas 142
5. ¿Y si empiezas con una rutina? 143

Capítulo 15. El ABP bien hecho: Aprendizaje Basado en Proyectos 145
1. El ABP: aprender haciendo con un objetivo real 145
2. ¿Qué elementos no pueden faltar? 146
3. ¿Cómo organizarlo paso a paso? 147
4. ¿Qué papel tiene el alumnado con alta capacidad? 149

Capítulo 16. Enriquecimiento con sentido y propósito 151
1. Enriquecer no es hacer por hacer 151
2. ¿Qué es el enriquecimiento educativo? 151
3. ¿Dónde se puede enriquecer? 153
4. El modelo SEM de Renzulli: un modelo que debemos conocer 155
5. ¿Para quién es el enriquecimiento? 160
6. Recomendaciones para hacerlo bien 161

Capítulo 17. Una evaluación formativa 164
1. Evaluar para guiar, no para calificar 164
2. Qué implica la evaluación formativa 165
3. Por qué es clave para personalizar 166
4. ¿Cómo se aplica en el aula? Ideas para empezar sin agobios 166

Capítulo 18. Calificar en el aula personalizada 172
1. Evaluar no es calificar 172
2. Calificación personalizada: cuando no todos hacen lo mismo 173

3. Cuando la calificación contradice la personalización 174
4. Y, cuando hay que poner una nota ¿cómo hacerlo bien? . 175
5. Herramientas que ayudan 175

Capítulo 19. "¿Tengo que explicar o ya no se explica?" 179
1. ¿Explico o no explico? 179
2. Cómo empezar paso a paso 180

Capítulo 20. Más allá de la EvAU, prepararlos para la vida . 184
1. Un aprendizaje que no deja a nadie atrás 184
2. Un cambio necesario (y posible) 186
3. Cambiar la mirada: de la EvAU a la vida 187

Capítulo 21. PASICMAE: propuesta, paso a paso, hacia el aula activa 189
1. ¿Qué es PASICMAE y para qué sirve? 189
2. Las bases del modelo: sin cimientos no hay cambio 190
3. Modificación del aula tradicional 190
4. Transformación real del aula (M-A-E) 191

BLOQUE 4. Alta capacidad y desafíos

Capítulo 22. ¿Y si no rinde como se espera? 195
1. Qué puede estar pasando 195
2. Cómo identificarlo sin prejuzgar 196
3. Medidas que pueden ayudar 197

Capítulo 23. Doble excepcionalidad: alta capacidad y algo más 199
1. ¿Qué es la doble excepcionalidad? 199
2. Mirar con lupa: ¿cómo se manifiesta? 200
3. Un perfil único, con desafíos y fortalezas 203
4. ¿Qué podemos hacer desde el aula? 203

5. Doble excepcionalidad + formación docente = detección justa 204
6. ¿Y cuando hay más de una neurodivergencia? 205

BLOQUE 5. Para crecer juntos

Capítulo 24. Solo quiero que sea feliz 207
1. No hay contradicción: reto y bienestar van de la mano ... 207
2. ¿Y si lo hacemos por hacer? 208
3. Infancia e inmadurez 208
4. Cómo promover su desarrollo integral 209
5. ¿Y si no hacemos nada? 210

Capítulo 25. Ayudarles a conocerse, aceptarse y quererse 213
1. Autoconocimiento: el punto de partida de todo 214
2. Autoestima, autoeficacia y autorregulación 214
3. ¿Cómo hablar con ellos sobre sí mismos? 215
4. El autorretrato de aprendiz 216

Capítulo 26. Inclusión real: el valor de ser diferente 219
1. La diferencia no se tolera: se valora 219
2. Sensibilizar al grupo: experiencias que transforman 220
3. Educar en comunidad 221

BLOQUE 6. Claves para un desarrollo integral de la alta capacidad

Capítulo 27. Funciones ejecutivas: motor silencioso del aprendizaje 225
1. ¿Qué son las funciones ejecutivas (y por qué importan tanto)? 225
2. Por qué debe entrenarse en todo el alumnado 226
3. Manifestaciones de los desafíos en funciones ejecutivas . 227
4. Cómo podemos ayudarles a entrenarlas en el aula 227

Capítulo 28. Metacognición: aprender a pensar sobre cómo aprendemos 231
1. ¿Qué es la metacognición? 231
2. Por qué es especialmente relevante para el alumnado 232
3. Cómo se puede trabajar la metacognición en el aula 232
4. Crear una cultura de aula metacognitiva 233

Capítulo 29. Aprender a aprender 236
1. Por qué es tan importante enseñar a aprender 236
2. Técnicas eficaces de aprendizaje 237
3. Cómo enseñar estas técnicas en clase 238

Epílogo: Hacia dónde vamos 241
Guía rápida de implementación 247
Preguntas y respuestas 250
Agradecimientos 252
Recursos 254
Glosario 254
Bibliografía 255

Prólogo

Llegué al mundo de las altas capacidades como llegamos la mayoría: de la mano de mi hijo.

Llegué como madre. Como una madre que intuye algo que no sabe exactamente qué es pero que percibe que su hijo es diferente. Distinto por su madurez extraordinaria desde muy pequeño, por su curiosidad insaciable, por su forma singular de observar el mundo y por unas preguntas que parecían venir de un lugar más grande que su edad. Todo eso acompañado de una intensidad desbordante. Una intensidad que no encajaba con el ritmo que el sistema y la sociedad esperaba de él.

Y así, con apenas unos años, llegaron las primeras frustraciones. Y con ellas, las primeras dudas: "ese niño se te va de las manos", "no sabes educar", "no tienes autoridad". Comenzamos entonces a buscar ayuda. Y sí, puede que al principio lo hiciéramos pensando que tal vez había algún problema. Escuchamos cosas como que las familias solo buscan etiquetas para justificar lo que hacen mal, para no reconocer errores. Pero no era mi caso.

Yo no buscaba exculparme como madre, lo que necesitaba era comprenderle a él, cuidarle mejor, acompañarle, saber por qué parecía estar siempre en tensión, por qué se mostraba triste.

La primera vez que acudimos a una especialista, le dije algo que aún recuerdo como si fuera ayer: "Él está bien. Somos nosotros los que necesitamos ayuda".

De esa consulta salimos con dos palabras nuevas en nuestras vidas: altas capacidades. No tenía ni idea de lo que eso significaba. "Vamos a pasarle un *screening*", nos dijeron. Pero para aquella profesional no había dudas: bastaba con hablar con él para ver que algo había. ¡Y tanto que lo había!

La evaluación nos dio una primera respuesta que se convirtió rápidamente en muchas más preguntas. ¡Pero por fin se abría un camino! Tocaba desaprender, revisar ideas, cuestionar modelos y romper con la educación del "porque yo lo digo". Tocaba cambiar la mirada.

Comenzamos en soledad. No sabía realmente qué significaba tener un hijo con altas capacidades. Y lo más difícil no fue saberlo, sino darme cuenta de que nadie parecía saber muy bien qué hacer en esta situación.

Esa respuesta, lejos de proporcionar alivio, me hizo consciente de una realidad invisible: un sistema educativo poco preparado, profesionales sin formación, falta de recursos, etiquetas mal utilizadas, una sociedad que no comprende... y niños y niñas que, lejos de brillar, comienzan poco a poco a apagarse.

Pero, en medio de ese desconcierto, descubrí que no estábamos solos. Había muchas familias como la mía, un poco "escondidas", buscando lo mismo: orientación, comprensión, comunidad.

Y así es como, junto a un equipo de madres y padres impresionantes, nació AMACI (Asociación Madrileña de Altas Capacidades Intelectuales).

Primero como refugio, después como red, y poco a poco como altavoz de todas esas voces silenciadas. Lugar de encuentro para niñas, niños, adolescentes y adultos que no encajan en moldes antiguos, pero que necesitan, y merecen, ser comprendidos.

Ayudar a nuestros hijos nos ha llevado a ayudar a muchas otras familias. Porque cada historia que llega a la Asociación, en el fondo, es también la nuestra. Y descubrimos que, si uníamos nuestras voces, podíamos empezar a transformar realidades.

Este camino me ha traído muchos retos, emociones profundas, aprendizajes constantes... Y también personas maravillosas como Susana e Inés.

En un momento en el que tenía muchas dudas sobre atención educativa y legislación y no sabía a quién acudir, una de esas "personas-luz" que me trajo este mundo me dijo: «Habla con Susana, es la persona que más sabe de legislación en Madrid».

Así lo hice. No la conocía de nada, pero le escribí y me respondió como si fuésemos amigas de toda la vida. Y lo tuve claro. Susana tenía que venir a AMACI a contar todo lo que sabe a las familias.

Y no tuve que insistir mucho pues enseguida me dijo, allí estaré.

Maravillosa, profesional, generosa. Resolviendo dudas con una claridad y una entrega que aún me emociona.

Después conocí a Inés, cordobesa de alma cálida y conversación infinita. Con ella también llegaron respuestas, pero sobre todo tiempo, escucha y mucho afecto. Me regalaban su conocimiento sin pedir nada a cambio. Siempre con una sonrisa. Siempre con la mano tendida.

De ese primer contacto surgió un vínculo profundo, que con el tiempo se ha hecho aún más fuerte.

Cuando me propusieron escribir el prólogo de este libro, lo primero que sentí fue respeto. Respeto por creer no estar a la altura, (el síndrome de la impostora que nos suele atrapar) pero mientras las escuchaba, les dije que sí, sin dudar, porque sabía que lo que iban a escribir sería una bomba de conocimiento, de ayuda, de luz. Y tras leer ese primer borrador no me equivoqué.

Este libro que tienes entre las manos está escrito con tanta sensibilidad como rigor. Es una muestra de que el cariño no está reñido con la seriedad. Cada palabra está respaldada por la profesionalidad que tanto admiro en ellas:

Calidez de corazón y solidez investigadora. Escucha activa y saber académico.

Y eso, hoy más que nunca, es imprescindible.

Cada página nos invita a mirar con otros ojos: con ojos valientes, que ven más allá del expediente. Con ojos atentos, que detectan lo que se oculta en la rutina escolar. Con ojos humanos, que recuerdan que detrás de cada necesidad hay una historia, una mente que busca sentido y una familia que necesita ayuda.

Hay libros que se escriben desde la teoría y libros que nacen de la vida. Este es de los segundos.

Nace en las aulas, en los pasillos de los coles, en los hogares donde una familia empieza a intuir algo distinto. Surge de la necesidad de tender puentes entre quienes enseñan, quienes acompañan y quienes aprenden. Es un mapa para quienes quieren hacerlo bien, incluso cuando no saben por dónde empezar.

Porque acompañar la alta capacidad no se trata de "hacer más", sino de "mirar mejor". No se trata de brillar más que los demás, sino de poder brillar siendo uno mismo.

Gracias, Susana e Inés por ser faro. Por poner palabras a lo que tantas veces vivimos en silencio. Por recordarnos que, cuando se educa desde el conocimiento y el corazón, se transforma el mundo.

Hoy, cuando miro atrás, veo el inicio de un gran cambio que, sin saberlo, comenzó el día que decidimos no callarnos.

Ojalá este libro sea también un punto de partida para ti.

Como lector, solo hazte una pregunta honesta: ¿Estoy dispuesto a mirar diferente?

Si la respuesta es sí, estas páginas pueden cambiar tu forma de enseñar, de educar, de criar.

Porque la educación que transforma no nace de certezas absolutas, sino de la valentía de quienes se atreven a preguntar: ¿Y si lo hiciéramos de otra manera?

Gracias por abrir estas páginas.

Gracias por mirar con otros ojos.

Gracias, Inés y Susana, por vuestra luz.

Marta Mouge
Presidenta de AMACI
—Asociación Madrileña de Altas Capacidades Intelectuales

Antes de Empezar

Una imagen para empezar a transformar el aula

Antes de escribir este libro, diseñamos una infografía, a la que cariñosamente llamamos "nuestro *Genially*[1]", que empezó a acompañarnos a congresos, formaciones, reuniones con equipos docentes, charlas con familias y pasillos de colegio. La creamos para dar respuesta de una forma global y clara a preguntas que nos repetían una y otra vez:

> *¿Cómo atender a la diversidad de mi clase sin enloquecer?*
> *¿Qué hacer con el alumno que ya lo sabe todo, con el que parece desconectado o con el que se porta mal?*
> *¿Es posible personalizar en un aula de 25-30 alumnos sin permisos, informes ni etiquetas?*

Esta infografía nació con el fin de ayudar a mejorar la práctica docente con el alumnado de altas capacidades.

A medida que la usábamos, ver, cómo quienes la veían, lo entendían y querían saber más, nos confirmó algo fundamental: ese era el camino.

Las familias también mostraron interés en ella, para formarse, apoyar y colaborar en la educación de sus hijos. Eso nos ayudó a reafirmarnos en lo que siempre consideramos esencial: la necesaria coordinación de toda la comunidad educativa. Conocer y entender

1 https://altas-capacidades.es/medidas-ordinarias-de-atencion-en-el-aula/

las dos vivencias que forman parte de familias y docentes, nos lleva a comunicarnos, unirnos y educar mejor.

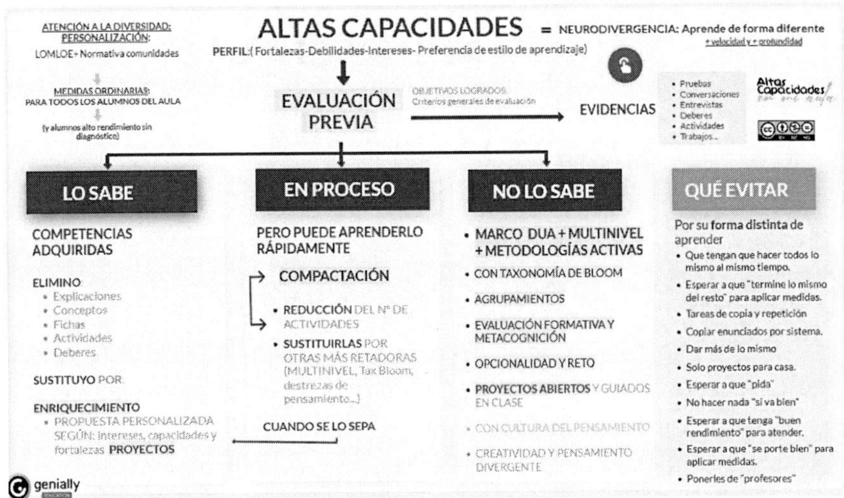

Una mirada desde dentro

Somos Inés y Susana, madres de niños con alta capacidad y docentes de vocación. Vivimos cada día la doble mirada del aula y de casa, compartimos la frustración, la incertidumbre y las ganas de hacerlo bien… y, a veces, no saber cómo. Este libro nace de esas conversaciones sinceras en patios, pasillos, tutorías y chats fuera de hora; nace de la convicción de tender puentes entre familia y escuela para caminar juntos con una mirada distinta y realmente integradora de la diversidad.

Aquí no encontrarás recetas mágicas ni soluciones universales, sino herramientas, decisiones que marcan la diferencia y pequeños cambios que transforman mucho. Creemos que la personalización no es una moda ni una carga, sino la única forma justa y eficaz de enseñar hoy.

¿Para quién es este libro?

Este libro también es para ti, si formas parte de alguno de estos grupos:

- Docentes que quieren atender a sus alumnos de alta capacidad de verdad, sin dejar atrás la diversidad del aula ni hacer algo diferente.
- Familias que buscan apoyar a su hijo desde la comprensión, sin etiquetas ni sobresaturación.
- Equipos directivos que aspiran a impulsar un cambio de mirada más allá de los discursos vacíos, a transformar la escuela de verdad.
- Estudiantes de magisterio o futuros profesores que creen que otra educación es posible y buscan saber por dónde empezar, incluso si aún no confían del todo en todo esto, pero están dispuestos a poner sus ideas a prueba.

Si este libro fuera un viaje, este sería el comienzo

Quizá pienses "Me interesa, pero ¿seré capaz?", "No tengo formación", "¿Y si lo hago mal?". No hace falta experiencia ni metodologías sofisticadas: solo ganas de mirar con otros ojos y dar un primer paso. Aquí encontrarás ejemplos adaptables, estrategias multinivel, plantillas y preguntas poderosas para aplicar desde mañana, paso a paso y con calma.

Este libro no es un punto final, sino un punto de partida: educar es atreverse a empezar, a mirar diferente y a crear el espacio donde cada persona pueda ser quien es.

Gracias por caminar con nosotras.

BLOQUE 1.
Mirar con otros ojos: la alta capacidad vista de verdad

Capítulo 1.
Qué NO es la alta capacidad

¿Se nota a simple vista?
¿Cómo puede tener alta capacidad si yo "no lo veo"?
¿Y no puede ser simplemente espabilado o precoz?
¿No debería ser siempre buen estudiante y ejemplo de comportamiento?

1. Un concepto que aún genera confusión

Pocas etiquetas generan tanta confusión como la de "alta capacidad". En el imaginario colectivo, se tiende a asociar a este colectivo con un estereotipo del "niño perfecto" o "niño genio": el que saca siempre sobresaliente, nunca se equivoca, sorprende con sus conocimientos o demuestra una madurez impropia de su edad. Para otros, sin embargo, la alta capacidad es sinónimo de niño "problemático", "malcriado", "incómodo" o "pedante", porque no encaja, no obedece siempre o cuestiona lo que no entiende.

Estas imágenes, profundamente instaladas en nuestro ideario social, obstaculizan una visión realista, plural y respetuosa. En realidad, gran parte del alumnado con alta capacidad pasa completamente desapercibido, no destaca académicamente y ni siquiera ellos mismos comprenden por qué se sienten distintos. Por eso es importante desmontar prejuicios y conocer de verdad cómo son y se manifiestan, y cómo no son. **Porque antes de intervenir, debemos comprender y aprender. Porque es imposible encontrar sin saber lo que se busca.**

2. Mitos persistentes

Treffinger[1], en el monográfico "Desmitificando la educación de los más capaces", nombraba tres grandes mitos que aún siguen presentes hoy:

1. Una **definición simplista y única:** reducir la alta capacidad a un concepto fijo, uniforme y cerrado, basado casi exclusivamente en un número o puntuación de CI[2].
2. **Procesos de identificación inadecuados:** usar criterios demasiado estrechos, sin tener en cuenta la diversidad cultural, emocional o cognitiva de los alumnos.
3. **Programas homogéneos:** medidas educativas estandarizadas, sin personalizar ni atender las necesidades reales del alumnado ACI[3].

Estos mitos, reforzados por la falta de formación específica del profesorado, ayudan a que la identificación y atención a sus necesidades sea escasa. Borland[4] (2009), por su parte, advertía de los riesgos de tratar la alta capacidad como una entidad objetiva e inmutable, y no como un constructo cultural y pedagógico que evoluciona.

---

1 Treffinger, D. J. (1982). Demythologizing gifted education: An editorial essay. *Gifted Child Quarterly*, 26(1), 3-8. https://doi.org/10.1177/001698628202600102

2 El Cociente Intelectual (CI) es una medida utilizada para evaluar las capacidades cognitivas de una persona en relación con su grupo de edad. Se obtiene a partir de pruebas estandarizadas que miden diferentes aspectos de la inteligencia, como el razonamiento lógico, la memoria y la resolución de problemas.

3 Altas Capacidades Intelectuales (ACI).

4 Borland, J. H. (2009). Myth 2: The gifted constitute 3% to 5% of the population. Moreover, giftedness equals high IQ, which is a stable measure of aptitude. *Gifted Child Quarterly*, 53(4), 236-238. https://doi.org/10.1177/0016986209346825David Publishing+3

Por otra parte, el estudio de Evaristo Barrera-Algarín[5] y colaboradores pone cifras a este déficit: la formación en altas capacidades en los grados de Magisterio y Pedagogía en Andalucía, de promedio, apenas representa el 0,63% de los créditos optativos (37,73 horas) y el 0,22% de los obligatorios (13,07 horas). En los másteres de profesorado, el porcentaje es aún menor. Esta ausencia formativa perpetúa el desconocimiento y alimenta los mitos, como creer que la alta capacidad es una realidad inmutable y universal, asociarla exclusivamente a un alto CI, considerar que no necesita intervención porque "ya aprenderá solo" y asumir que siempre se manifiesta con éxito académico o conducta ejemplar.

3. Lo que NO es un indicio de alta capacidad

Para poder comprender qué es la alta capacidad, necesitamos también tener claro qué no lo es. A continuación, se desmontan algunas ideas muy extendidas:

- **No es sacar siempre sobresalientes:** hay alumnado que se aburre, se desmotiva o se siente incomprendido, lo que provoca un rendimiento inferior al esperado.
- **No es "ser bueno" en todo:** puede haber grandes desigualdades entre áreas. Un alumno puede destacar en matemáticas y tener dificultades en lectura o escritura.
- **No es tener siempre ganas de aprender:** la motivación depende del interés, del contexto, del reto y de la relación con el docente.
- **No es sinónimo de madurez emocional:** pueden tener reacciones intensas, frustración, hipersensibilidad o dificultades en la gestión emocional.

5 Evaristo Barrera-Algarín es Catedrático de Trabajo Social en la Universidad Pablo de Olavide (Sevilla), donde dirige la Cátedra CADIS de Altas Capacidades, enfocada en la investigación y formación sobre el alumnado con altas capacidades intelectuales.

- **No implica tener problemas sociales:** no tienen dificultades en habilidades sociales *per se,* aunque sí encuentran más adversidades y obstáculos para la socialización.
- **No es ser más "listo" o "trabajador":** implica una neurobiología diferente y una forma distinta de procesar, pensar, crear y sentir.
- **No es exclusivo del niño:** las niñas[6] tienen una tasa de detección inferior, en parte por su camuflaje, en parte porque se tiende a asociar la "inteligencia" con el hombre y el "esfuerzo" con la mujer.
- **No es una etiqueta que vaya a cambiar a tu hijo o alumno.** No se busca etiquetar, sino entender para atenderle mejor.

4. No solo alta capacidad: doble o múltiple excepcionalidad

A veces, la alta capacidad no viene sola: TDAH, autismo, dislexia, discalculia, disortografía, hipersensibilidad sensorial, ansiedad, baja autoestima o incluso fobia escolar u otras dificultades de aprendizaje pueden acompañarla. A esto lo llamamos **doble excepcionalidad (2E) o excepcionalidad múltiple,** y requiere un acompañamiento aún más personalizado, porque el perfil es más complejo. Es mucho más frecuente de lo que solemos pensar[7].

Más adelante, en el capítulo 23, trataremos este tema con mayor profundidad, con ejemplos y señales de alerta para saber en qué fijarnos.

Algunos ejemplos son:

- Alta capacidad + TDAH: pueden parecer distraídos, impulsivos o desorganizados, pero tienen una gran capacidad para resolver problemas complejos.

---

6 Artículo. https://altas-capacidades.es/el-sesgo-de-genero-en-las-altas-capacidades/

7 Sánchez, B. (2020, 28 mayo). ¿Qué hago si mi hijo tiene una doble excepcionalidad (2E)? Mamá Valiente. https://www.mamavaliente.es/2020/05/28/que-hago-si-mi-hijo-tiene-una-doble-excepcionalidad-2e/

- Alta capacidad + TEA: pensamiento lógico y riguroso, intereses intensos, pero dificultades en habilidades sociales o sensibilidad sensorial.
- Alta capacidad + dislexia o discalculia: rendimiento muy alto en unas áreas y dificultades específicas en lectura, escritura o cálculo.
- Alta capacidad + ansiedad: perfeccionismo, miedo al error, bloqueo ante la presión o la falta de sentido en lo que se les pide.

Estos perfiles requieren una evaluación psicopedagógica muy cuidadosa, centrada tanto en el potencial como en las dificultades. Ignorar las características personales de cada alumno, centrándose en la "etiqueta" y no en las fortalezas o debilidades para trabajarlas específicamente, generará un acompañamiento inadecuado y provocará consecuencias negativas para el bienestar emocional y académico del alumno.

5. Dificultades del sistema educativo

Uno de los principales retos actuales es que el sistema educativo no está preparado para atender a este alumnado. A pesar de que la LOMLOE[8] los reconoce como alumnos con necesidades específicas de apoyo educativo, NEAE[9], e indica que las Administraciones educativas deben asegurar los recursos necesarios para este alumnado, estas medidas no se materializan en las diferentes comunidades educativas, reduciéndose a programas específicos imposibles de llevar a cabo por la falta de formación docente e inversión necesaria.

8 Ley Orgánica 3/2020, de 29 de diciembre, por la que se modifica la Ley Orgánica 2/2006, de 3 de mayo, de Educación.

9 Las Necesidades Específicas de Apoyo Educativo (NEAE) hacen referencia a aquellos alumnos que requieren atención educativa adicional debido a dificultades o discapacidades que afectan su aprendizaje, como problemas de desarrollo, discapacidad intelectual, trastornos del comportamiento o altas capacidades intelectuales.

Por ello, los recursos son escasos, las medidas poco concretas y el desconocimiento muy extendido.

Algunas de las barreras más frecuentes son:

- **Falta de formación docente:** la mayoría del profesorado no ha recibido preparación específica sobre cómo detectar, acompañar o adaptar el currículo a estos perfiles.
- **Ausencia de protocolos claros y universales:** cada comunidad y centro educativo actúa según sus propios criterios, lo que genera desigualdades y falta de equidad.
- **Resistencia a la diferenciación:** existe miedo a ofrecer algo distinto, por temor a que se interprete como privilegio o discriminación.
- **Exceso de burocracia:** aunque se detecte un caso, los pasos hasta que se reconoce e interviene pueden ser tan lentos que la oportunidad de respuesta se pierde.
- **Confusión entre etiquetas y atención:** se pone el foco en etiquetar o no al alumno, en vez de centrarse en si necesita apoyo educativo o no.
- **Falta de inversión y medidas de atención específicas:** a pesar de ser considerados NEAE, no se reconocen sus necesidades ni se fomenta que profesionales especializados puedan llevar a cabo programas especializados para atender sus necesidades.

6. Alta capacidad, una ley sin medios

Uno de los problemas estructurales que atraviesa nuestro sistema educativo es la falta de coordinación y permeabilidad entre **normativa, universidad y centros educativos.**

Los maestros, desde hace mucho tiempo, no podían impartir clase a futuros maestros en la **universidad** por la singularidad de su titulación: "diplomados[10]". Los que formaban a los futuros

10 El término *Diplomado* en Magisterio hacía referencia a una titulación universitaria ofi-

maestros en "práctica docente" en la universidad, no tenían la titulación de magisterio ni experiencia docente en colegios. Lo que creó una desconexión importante entre lo que se enseña en la universidad y se practica en los **centros educativos.** Esto sería impensable en otras carreras, como medicina, por ejemplo. Añadido a esto, los planes de estudio universitario carecían en mínimos en neuropsicología, innovación metodológica, recursos, dificultades de aprendizaje y atención a la diversidad, entre otras.

Como nota positiva, podemos afirmar que, en los últimos años se ha notado una tendencia de cambio, visibilización y mejora de la formación, abriendo el camino a docentes de aula, mejorando la formación en diversidad y altas capacidades o creando programas o másteres específicos sobre altas capacidades.

Por otro lado, la **normativa educativa** no va acompañada de una inversión económica necesaria (mejorando y/o aumentando los recursos y profesionales especializados) ni medidas a corto, medio y largo plazo que le permitan una aplicación real de esta, perpetuando la misma práctica docente año tras año, a pesar de las supuestas mejoras en la atención a la diversidad. Así mismo, esta normativa no se refleja en los planes de estudio universitarios de educación, lo que cierra el círculo de la desconexión necesaria para que la educación no sea compensatoria, inclusiva, equitativa, integradora y de calidad.

> *Recuerdo a un alumno muy brillante que odiaba el recreo. No entendía los juegos de sus compañeros, el ruido le agobiaba y prefería quedarse en clase dibujando circuitos. Un día su madre me dijo: "No encaja en nada, pero es tan inteligente...". Le respondí: "Es que ve el mundo de otra manera. No es que no encaje, es que necesita que lo entendamos desde su forma de estar en el mundo". Y por fin empezó a verlo con otros ojos.*
>
> *— Juana, orientadora de un instituto de secundaria*

cial de primer ciclo que habilitaba para ejercer como maestro en Educación Infantil o Primaria. Estuvo vigente desde la Ley General de Educación de 1970 y se consolidó con la Ley de Reforma Universitaria de 1983. Fue sustituido por el *Grado en Educación Infantil* o *Grado en Educación Primaria* a partir del curso 2009-2010, en el marco del Espacio Europeo de Educación Superior (EEES).

Claves

Conceptos Principales

- La alta capacidad no se mide por el rendimiento, la conducta o la madurez emocional.
- No formarse fomenta mitos o estereotipos, limita la detección y desatiende necesidades reales.
- Actuar desde el desconocimiento es también una forma de exclusión educativa.

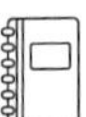

Recursos Útiles

A. Infografía de mitos y realidades
B. Mini guía de reflexión para docentes y familias

QR con recursos para descargar en página 254.

Por dónde empezar

- Reflexiona: ¿Qué ideas he dado por ciertas sobre la alta capacidad que podrían no serlo? Anótalas y contrastarlas con el capítulo.
- Pregúntate: ¿A quién reconocería fácilmente como alumno con alta capacidad… y a quién no? ¿Por qué?
- Abre el debate en tu centro con esta pregunta: "¿Y si lo que pensamos sobre la alta capacidad está impidiendo verla realmente?"

Capítulo 2.

Qué es y cómo es la alta capacidad

¿Es lo mismo que ser superdotado? ¿Basta con tener un CI alto?
¿La alta capacidad se nace, se hace, se pierde?
¿Por qué unos lo demuestran y otros no?
¿Tienen las mismas características y perfiles, o pueden ser diferentes?
¿No tiene motivación? ¿Pueden tener problemas sociales o emocionales?
¿Cómo son realmente, más allá de los estereotipos?

1. Un fenómeno complejo y diverso

Como ya hemos visto, la alta capacidad no es una etiqueta simple, ni un diagnóstico cerrado. Se trata de un fenómeno complejo, con múltiples manifestaciones, que exige una mirada amplia y matizada. No hay un único tipo de alumno con alta capacidad: hay mil formas de ser y de sentir.

Algunos niños destacan de forma temprana. Otros pasan desapercibidos durante años. Unos son brillantes en todo. Otros solo en un área concreta. Algunos lo muestran con entusiasmo. Otros lo enmascaran por miedo a no encajar. Lo que tienen en común no es el rendimiento, ni la conducta ejemplar, sino **un potencial de aprendizaje excepcional** que requiere ser reconocido y acompañado de forma adecuada.

Siempre vamos a encontrar estudiantes con altas capacidades a los que dar respuesta educativa, estén identificados o no.

2. Las ciencias que la estudian

Por su complejidad y multidimensionalidad, para la comprensión de la alta capacidad se requiere integrar distintas disciplinas. Estas son las principales ramas que abordan el estudio de la alta capacidad:

- **Psicología:** analiza perfiles cognitivos, creatividad, desarrollo emocional y social y estilos de pensamiento.
- **Neurociencia:** estudia las diferencias existentes en su estructura y funcionamiento, como conectividad cerebral, procesamiento rápido y activación de determinadas áreas del cerebro.
- **Pedagogía:** diseña entornos y metodologías que favorezcan el desarrollo del talento. La educación personalizada, el aprendizaje significativo y el enfoque competencial son claves para dar respuesta a este alumnado.
- **Genética y biología:** exploran la base hereditaria del potencial, en interacción con el ambiente y su influencia en el desarrollo del potencial.
- **Sociología y antropología:** analizan el peso del contexto social, económico y cultural en la expresión del talento.
- **Medicina y psiquiatría:** intervienen en casos de doble excepcionalidad, cuando TDAH, autismo, ansiedad o dislexia, entre otros, pueden coexistir con alta capacidad y enmascararla.

3. Qué es y cómo se define hoy la alta capacidad

No existe una única definición universal de alta capacidad, ya que, como recuerda Javier Tourón[1], "no hay una forma absoluta-

1 Javier Tourón es catedrático de Métodos de Investigación y experto en altas capacidades. Ha sido vicepresidente de la Asociación Nacional de Superdotación y Talentosos (AEST) y es uno de los principales referentes en España en investigación sobre talento, personalización del aprendizaje y educación del alumnado con alta capacidad.

mente correcta de definir las altas capacidades". Sin embargo, la mayoría de expertos coinciden en algunos puntos clave.

Sastre-Riba y Castelló Tarrida[2], por su parte, la define como un fenómeno complejo y dinámico, influenciado por la interacción entre factores genéticos y ambientales a lo largo de la vida, destacando moduladores personales y sociales que facilitan o inhiben la expresión del alto potencial intelectual. Entre estos moduladores, se mencionan aspectos como el temperamento, la motivación, la persistencia, la experiencia, la práctica, las oportunidades y el soporte ambiental.

De esta forma, la alta capacidad no es solo un CI elevado. Se trata de una **forma diferente de pensar, de sentir y de aprender,** que suele incluir:

- Un procesamiento cognitivo rápido y complejo.
- Una gran capacidad para establecer conexiones entre ideas y permitir un aprendizaje más profundo.
- Una curiosidad intensa, pensamiento divergente y creatividad.
- Una alta intensidad emocional y fuerte sentido de la justicia.
- Necesidad de propósito, comprensión y reto.

> *Yo no sé si mi hijo tiene altas capacidades, porque en casa lo vemos normal. Sin embargo, es un niño muy intenso y su crianza se nos hace difícil en ocasiones.*
>
> — *Javi, padre de Sergio*

4. ¿Se nace o se hace?

Esta es una de las preguntas más frecuentes y, también, una de las más malinterpretadas. Lo que nos dice la ciencia es que la alta capacidad tiene una base neurobiológica, pero que esta no

2 Sastre-Riba, S., & Castelló Tarrida, A. (2014). *Educación de la alta capacidad intelectual.* Síntesis.

determina de forma absoluta su expresión ni su evolución. Para explicarlo de forma gráfica, utilizamos la metáfora del vaso: cada persona nace con un vaso de distinta capacidad (potencial biológico), pero, lo que determina cuánto se llena ese vaso es el entorno (factores endógenos y exógenos): familia, escuela, experiencias, autoestima, oportunidades...

Javier Tourón destaca que: "el talento que no se cultiva, se pierde", haciendo referencia expresa a lo que esos factores endógenos y exógenos contribuyen al desarrollo del potencial de la persona, pero no a un cambio en la configuración del cerebro.

Por tanto:

- El talento no se crea artificialmente mediante la mal llamada "sobreestimulación", pero sí puede desarrollarse, e incluso, bloquearse, cuando hay una base biológica.
- La correcta estimulación no genera alta capacidad, pero es necesaria para que esta florezca.
- La sobreexigencia o la invisibilización pueden generar frustración, ansiedad, desajustes, somatizaciones e, incluso, en algunos casos, problemas más graves.
- Las condiciones socioeconómicas, culturales y emocionales influyen profundamente en la expresión del talento.

Un entorno empobrecido, una autoestima dañada o una escolarización inadecuada pueden hacer que un niño con alta capacidad no llegue nunca a desarrollar su potencial. Por eso, la escuela tiene una función compensatoria e integradora fundamental.

> *Cuando me dijeron que mi hija tenía alta capacidad, me sentí perdida. ¿Tenía que cambiar algo? ¿Iba a tener problemas? Pero cuando entendí que no era una etiqueta, sino una forma de mirar su forma de ser, todo cambió. Ya no me asustaba. Me ayudaba a verla. Ella no había cambiado, siempre ha sido así.*
>
> — *Mary, madre de Alba*

5. Perfiles de alta capacidad

El alumnado con alta capacidad no responde a un patrón único ya que la variabilidad entre ellos es enorme. Pueden ser extrovertidos o tímidos, apasionados o distraídos, líderes natos o solitarios, constantes o irregulares. Algunos brillan en todo. Otros solo en un área. Algunos lo muestran. Otros lo ocultan o enmascaran.

En España, **la falta de un criterio común de identificación** genera desigualdades profundas entre comunidades autónomas. Un mismo alumno puede ser reconocido como AACC en una, pero no en otra, pese a tener las mismas características. Esta disparidad vulnera el principio de equidad y deja en manos del azar geográfico el acceso a una atención adecuada.

Por ello, es urgente avanzar hacia **una definición compartida y unos criterios comunes de identificación,** basados en la evidencia científica y las necesidades reales del alumnado y no en porcentajes cerrados o baremos inflexibles. Solo así se garantizará la equidad y se podrá ofrecer una **atención educativa adecuada, flexible y justa,** acompañada de recursos reales y estrategias metodológicas para los centros.

Dentro del amplio espectro de la alta capacidad, se suelen distinguir, al menos, dos grandes perfiles generales:

Perfil homogéneo: aquel alumno que muestra un rendimiento elevado en la mayoría de las áreas evaluadas. Suelen tener un **cociente intelectual alto de forma global,** sin grandes diferencias entre aptitudes. Estos alumnos son los que más fácilmente se ajustan a los criterios tradicionales de identificación, y por tanto, los que suelen detectarse antes.

Perfil heterogéneo: se caracteriza por un rendimiento muy alto en unas áreas, y dificultades o rendimiento medio en otras. Su detección suele requerir una evaluación individualizada, ya que los cribados estandarizados pueden pasar por alto sus puntos fuertes.

Sastre-Riba y Castelló hablan de talentos simples, perfiles complejos y combinación de recursos, para referirse a perfiles heterogéneos y máxima complejidad, para referirse a perfiles homogéneos.

Es habitual que se dé un desarrollo desigual, lo que llamamos **asincronías o disincronías:** un niño puede mostrar un alto entendimiento y comprensión de conceptos complejos y, al mismo tiempo, tener dificultades en su desarrollo emocional o social. Este desfase interno puede generar desajustes en el aula y en casa, por lo que reconocerlo es clave para acompañar de forma ajustada.

Por eso, más que buscar "niños adelantados", debemos aprender a mirar el desarrollo con matices, reconociendo tanto lo que emerge pronto como lo que necesita más tiempo.

¿Y la precocidad?

Muchos niños con alta capacidad destacan por una cierta precocidad: alcanzan algunos hitos del desarrollo antes de lo habitual para su edad. Sin embargo, no todos los niños precoces tienen alta capacidad, ni todos los niños con alta capacidad fueron necesariamente precoces. También es posible encontrar perfiles en los que ciertos hitos se alcanzaron más tarde de lo esperado. Por eso, aunque la precocidad puede ser una señal de alerta a la que conviene prestar atención, no debe considerarse un requisito imprescindible ni, mucho menos, un motivo para descartar la posibilidad de una alta capacidad si no aparece.

Conocer los perfiles para acompañar mejor

Más allá de los conceptos teóricos, en las aulas encontramos perfiles muy distintos. Estos ejemplos ayudan a poner rostro a la diversidad que hay detrás del término 'alta capacidad'.

Conocer y respetar esta diversidad es el primer paso para dar una respuesta justa. No se trata de etiquetar, sino de entender qué hay detrás de cada forma de aprender. La alta capacidad no es una talla única: es un abanico de perfiles que necesitan miradas igual de amplias.

6. Características frecuentes de la alta capacidad

Aunque no existe un único tipo de alta capacidad, hay características frecuentes que conviene conocer. En esta tabla se resumen algunas:

Área	Características frecuentes	Cómo se manifiestan
Cognitiva	Curiosidad intensa, pensamiento complejo, rapidez de aprendizaje	Preguntan mucho o son callados y muy observadores; hacen conexiones inusuales; buscan profundidad
Creativa	Imaginación fértil, soluciones no convencionales	Proponen ideas "locas"; se aburren con tareas cerradas
Motivacional	Interés por aprender, persistencia (si hay reto)	Trabajan con intensidad si el tema les apasiona
Emocional	Alta sensitividad, perfeccionismo, fuerte sentido de justicia	Se frustran fácilmente, sufren con las injusticias
Social	Capacidad para dialogar con adultos, sensibilidad hacia el entorno	A veces no encajan con su grupo, otras lideran sin querer

Tabla 1. Características frecuentes

Estas características se expresan de manera distinta en función del entorno, la edad, la personalidad, el acompañamiento recibido y, sobre todo, de si se sienten o no comprendidos.

7. Sensibilidad, intensidad y percepción

No todas las personas ACI presentan las mismas características, pero muchos comparten una **forma distinta de sentir, percibir y responder al mundo.** Esa intensidad no siempre es comprendida, y puede confundirse con debilidad emocional, inmadurez o comportamiento disruptivo. En realidad, se trata de una mayor receptividad a los estímulos, tanto internos como externos y, en algunos casos, también una mayor intensidad de respuesta a ese estímulo.

Entender **cómo procesan la información sensorial y emocional** nos ayuda a entender y ofrecer respuestas más ajustadas.

Dependiendo de los estudios de expertos en la materia, se ofrecen varios conceptos que suelen generar confusión y que, aunque pueden coexistir, no son equivalentes. A pesar de todo, no hay consenso científico en todos ellos, por lo que nos limitamos a exponerlos para su conocimiento.

Desorden del procesamiento sensorial (DPS)[3]

Es una condición neurológica que afecta la forma en que el cerebro procesa la información sensorial. Algunos alumnos con DPS son **hipersensibles al ruido, la luz o ciertas texturas;** otros, en cambio, son **hiposensibles,** parecen no registrar estímulos que sí afectan a los demás. Puede dificultar su participación en clase, su concentración o su regulación emocional. Aunque no está directamente relacionada con la alta capacidad, puede coexistir y complicar su identificación.

Alta sensibilidad (PAS: Persona Altamente Sensible)[4]

Según la psicóloga Elaine Aron, este rasgo temperamental se refiere a personas con un **sistema nervioso más fino y profundo.** Procesan con más detalle la información, son muy empáticos, creativos y tienen una rica vida interior. Es un rasgo general de la personalidad, no exclusivo del alumnado con alta capacidad.

---

3 Miller, L. J., Anzalone, M. E., Lane, S. J., Cermak, S. A., & Osten, E. T. (2007). *Concept evolution in sensory integration: A proposed nosology for diagnosis*. American Journal of Occupational Therapy.

4 Aron, E. N. (1996). *The Highly Sensitive Person*. Broadway Books.

Alta sensitividad[5]

Término usado en ocasiones como sinónimo de "alta sensibilidad", aunque algunos autores lo emplean para describir **una sensibilidad emocional y perceptiva muy marcada dentro del perfil de alta capacidad.** Puede aparecer en alumnos que no tienen el rasgo PAS como tal, pero que muestran reacciones intensas, atención al detalle, empatía aguda y un mundo emocional profundo. Se considera **parte del funcionamiento interno de algunos perfiles de alta capacidad,** por lo que sí es exclusivo de la alta capacidad.

Sobreexcitabilidad[6]

Aparece en la teoría de la desintegración positiva de Kazimierz Dabrowski. Consiste en **tener un bajo umbral ante los estímulos y reaccionar a ellos más intensamente y durante más tiempo** en varios ámbitos, pero sin afectar al funcionamiento cognitivo.

No se considera un trastorno, sino una forma amplificada de experimentar el mundo, frecuente en personas con neurodivergencias, entre ellas, la alta capacidad.

Alta demanda[7]

Término acuñado por el pediatra William Sears, que, sin ser una categoría diagnóstica, reconoce un tipo de temperamento en algunos niños distinto al de la mayoría, con una una intensidad especial en sus necesidades de contacto, sensibilidad y energía. William, autor de más de 30 libros sobre la crianza y padre de ocho hijos, tuvo que adoptar nuevas técnicas de crianza para satisfacer las necesidades de su hija Hayley, ya que los modelos educativos

---

5 Publicaciones de Sylvia Sastre-Riba y Antoni Castelló-Tarrida.

6 Dabrowski, K. (1972). *Psychoneurosis is Not an Illness*. Gryf Publications. Piechowski, M. M. (2006). *"Mellow out," they say. If I only could: Intensities and sensitivities of the young and bright*. Yunasa Books.

7 Sears, W., & Sears, M. (1993). *The Fussy Baby Book: Parenting Your High-Need Child From Birth to Age Five*. Little, Brown and Company.

convencionales no funcionaban con ella. A raíz de esto nació el término *Attachment parenting* o "Crianza con apego seguro", que es un modelo de crianza basado en el vínculo emocional entre los padres y el bebé, idóneo para este tipo de niños. La alta demanda no es exclusiva de la alta capacidad.

¿Por qué es importante conocer estas diferencias?

Porque muchas veces, lo que parece "problema de conducta", "inmadurez" o "hipersensibilidad" es simplemente una forma distinta de procesar lo que pasa dentro y fuera de sí mismos. Y cuando eso se comprende, **la mirada cambia, la respuesta mejora... y el niño se desarrolla y ajusta mejor.** No necesita menos intensidad. Necesita menos juicio y más comprensión.

> *Pensaba que mi hijo era rebelde, hasta que descubrimos su perfil sensorial. Solo necesitaba menos ruido y más comprensión. Ahora lo entiendo... y él también se siente comprendido.*
>
> *— Ana María, madre de Iván (7 años)*

8. Algunos ejemplos que podemos encontrar en el aula

Conocer los tipos nos ayuda a clasificar, pero aún más importante es comprender los distintos perfiles de alumnos que encontramos en la práctica diaria. Mostramos algunos ejemplos:

- **El brillante:** saca buenas notas, destaca en todo, participa activamente. Suele ser visible y valorado, pero también corre el riesgo de ser idealizado o sobreexigido.
- **El apasionado por lo suyo:** tiene intereses intensos y centrados (ciencia, historia, arte...). Puede desconectar completamente si el tema tratado no le motiva o no se le permite profundizar.

- **El creativo caótico:** su pensamiento es original, divergente, poco convencional. Le cuesta seguir rutinas o normas rígidas. Puede parecer disperso, pero es un generador de ideas.
- **El que se camufla:** se adapta para no destacar; pasa desapercibido.
- **El irregular:** presenta un rendimiento excelente en unas áreas y dificultades evidentes en otras (por ejemplo, brillante en matemáticas, pero con problemas de escritura). Puede estar asociado a otras condiciones como dislexia, TDAH o ansiedad.
- **El emocionalmente intenso:** vive todo con profundidad, cambia de ánimo con rapidez. Puede parecer inmaduro o inestable, pero en realidad necesita comprensión emocional y estrategias para gestionar su mundo interior.
- **El desafiante:** cuestiona las normas impuestas, discute con frecuencia y no acepta la autoridad sin argumentos. Su pensamiento crítico y su necesidad de coherencia lo llevan a poner en duda lo que no entiende o considera injusto. Puede ser erróneamente percibido como problemático, pero muchas veces está expresando su necesidad de significado y autonomía.
- **El disruptivo:** interrumpe, se levanta, rompe el ritmo. No encuentra sentido a lo que se le pide ni comprende su propósito. Es molesto, retador y/o poco implicado, pero muchas veces está aburrido, desmotivado o completamente fuera del sistema. Si no se le da una respuesta distinta, acabará por desconectar del todo.

Reconocerlos no es encasillarlos, sino **comprender sus necesidades.** No todos tienen las mismas características ni requieren lo mismo. La clave está en la **respuesta educativa personalizada,** sin juicio ni moldes cerrados.

> *Desde los primeros cursos de primaria me di cuenta que mis compañeros no sacaban 10 como yo, así que empecé a fallar deliberadamente para no destacar.*
>
> *— Fernando, 14 años*

Lo que miras adecuadamente, crece

El modo en que adultos y compañeros acompañan a un alumno con alta capacidad puede potenciar o limitar su desarrollo. Si se le define solo por su rendimiento ("el listo", "el que lo sabe todo"), el niño puede encerrarse en un papel del que no sabe salir. Si se ignora su potencial, también lo hará él.

Este fenómeno tiene nombre: **efecto Pigmalión o efecto Rosenthal.** Nuestras expectativas condicionan la manera en que nos relacionamos con el otro… y esa relación acaba confirmando lo que esperábamos.

Un docente que confía en las posibilidades de un alumno tiende a ofrecerle más tiempo, más atención, más *feedback* de calidad. Esto genera confianza y, con ella, mejora del desempeño.

La expectativa positiva no es adulación. Es una apuesta informada que crea un entorno donde el alumno puede brillar sin miedo.

> *A veces, la forma en que los adultos manejan las altas capacidades en casa deja una huella profunda: "Mis padres tuvieron dos formas de afrontar mis altas capacidades: mi padre, lo ignoraba, como si pudieran desaparecer al no hablar de ello; mi madre, sin embargo, desarrolló una excesiva expectativa sobre mis notas y comportamiento, lo que me provocó gran ansiedad y me obligó a dejar los estudios".*
>
> *– Maca, 30 años*

> *Cuando me dijeron que mi hija tenía alta capacidad, me sentí perdida. Pero cuando entendí que no era una etiqueta, sino una forma de mirar su forma de ser, todo cambió, se volvió más sencillo.*
>
> *— Aurora, madre de Celia (8 años)*

Yo no sé si mi hijo tiene altas capacidades. En casa lo vemos normal, pero es tan intenso que a veces sentimos que no sabemos cómo acompañarlo.

— Javi, padre de Sergio

Nico se pasó toda Infantil sin hacer fichas ni leer. Pero un día, como si algo se activara, empezó a leer solo. Lo evaluaron... y ahí estaba la alta capacidad. Solo necesitaba su tiempo, su ritmo... y un poco de confianza.

— Ana, madre de Nicolás (12 años)

Claves

Conceptos Principales

- La alta capacidad es una manifestación del potencial cognitivo que requiere oportunidades, retos y contextos adecuados para desarrollarse.
- No existe un único perfil: se manifiesta con gran diversidad en capacidades, intereses, ritmos y estilos de aprendizaje.
- La identificación exige mirar más allá del rendimiento y atender indicadores cualitativos y contextuales.

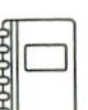

Recursos Útiles

A. Guía visual: las muchas caras de la alta capacidad
B. Tabla de perfiles de alta capacidad: cómo reconocerlos, qué necesitan, cómo responder.
C. Libro: Pfeiffer, S. I. (2017). *Identificación y evaluación del alumnado con altas capacidades: Una guía práctica*. UNIR Editorial.

QR con recursos para descargar en página 254.

Por dónde empezar

- Reflexiona: ¿A qué tipo de alumno o alumna asocio espontáneamente con alta capacidad? ¿Coincide con los perfiles que se muestran en este capítulo?
- Pregúntate: ¿Estoy valorando únicamente lo que el alumnado logra o también cómo aprende, se expresa y siente?
- Revisa tu grupo clase y señala a quién podrías estar pasando por alto si solo observas lo académico o lo conductual.
- Observa tu aula: ¿estimula o limita? ¿Ofreces tareas con profundidad y variedad? ¿Hay espacio para lo inusual, lo curioso, lo diferente?

Capítulo 3.

La alta capacidad en la escuela

¿Cómo puedo saber si lo que le pasa en clase está relacionado con su alta capacidad?
¿Por qué algunos desconectan si son tan inteligentes?
¿Y si un alumno con alta capacidad se porta mal?
¿Tienen que ser buenos en todo y sacar buenas notas?

1. Lo que no siempre se ve: señales

En el entorno escolar, la alta capacidad no siempre es evidente, depende de la edad, el contexto emocional y la respuesta educativa que se reciba. Por ello, necesita que se le reconozca, valore y estimule.

Aunque algunos alumnos pueden destacar desde etapas muy tempranas por su rendimiento académico o su participación activa, otros pueden pasar completamente desapercibidos. Esta invisibilidad puede deberse a la desmotivación, la falta de reto, la baja autoestima o incluso al deseo consciente o inconsciente de no sobresalir del grupo.

Algunas señales de alerta que conviene observar:

- Terminan las tareas con rapidez y se muestran aburridos o desconectados.
- Tardan mucho en completar las tareas o empiezan resolviendo bien las primeras, pero luego cometen errores en ejercicios similares.
- Realizan preguntas profundas o que se desvían del enfoque habitual de la clase.

- Se frustran si el ritmo de la clase es muy lento o si no encuentran lógica en lo que se les pide.
- Se implican intensamente cuando encuentran motivación en una tarea.
- Evitan llamar la atención: no participan, no levantan la mano, no se muestran.
- Pueden mostrar conductas disruptivas como forma de canalizar su frustración.

Estas conductas no deben interpretarse como falta de capacidad, sino como señales de que algo no funciona en su entorno de aprendizaje. Lo que para un adulto puede parecer desinterés, vagancia o mal comportamiento, puede ser en realidad un signo de desconexión intelectual o emocional.

Adaptando la definición a las características del aula, la alta capacidad supone una **forma distinta de procesar la información, pensar, sentir, aprender y relacionarse.** Se manifiesta de formas muy diversas, y **no siempre destaca.** A veces es silenciosa, tímida o incluso desmotivada. Otras veces es creativa, intensa, movida o disruptiva.

2. Cuando el sistema educativo dice una cosa, pero hace otra

A menudo se habla en los centros de la importancia de personalizar el aprendizaje, de atender a la diversidad, de fomentar la creatividad y el pensamiento crítico. Pero en la práctica, muchas veces seguimos enseñando para el examen, premiando la memorización literal y pidiendo a todos los alumnos lo mismo, al mismo tiempo y del mismo modo.

Esto genera una gran contradicción, conocida como **disonancia cognitiva.** Según el psicólogo Leon Festinger[1], es la incomodidad

1 Leon Festinger fue un psicólogo social estadounidense que originó la teoría de la disonancia cognitiva y la teoría de la comparación social.

interna que sentimos cuando lo que creemos entra en conflicto con lo que hacemos. En el aula se traduce en situaciones como estas:

- Queremos que piensen por sí mismos... pero no les dejamos opinar.
- Valoramos el aprendizaje profundo... pero seguimos evaluando con test de memorización.
- Decimos que cada alumno es único... pero no les damos tareas diferenciadas.

Esta disonancia es especialmente dañina para el alumnado con alta capacidad, ya que su forma de aprender necesita precisamente sentido, reto, conexión y libertad de pensamiento.

3. Cómo funciona y aprende su cerebro en el aula

El alumnado con alta capacidad no aprende "más" o "más rápido" simplemente. Su cerebro:

- Procesa la información de manera más profunda y global.
- Capta patrones y relaciones complejas entre conceptos.
- Necesita saber el "porqué" de las cosas.
- Le cuesta soportar la lentitud o la repetición mecánica.
- Busca el reto, la lógica y la coherencia desde edades muy tempranas y se frustra si no lo encuentra.

Cuando no encuentra esto en el aula, desconecta. Y no porque no pueda aprender, sino porque no se está respetando su forma de hacerlo. A menudo, se les pide que repitan tareas que ya dominan, que esperen mientras otros aprenden algo que ya saben, o que actúen como asistentes del profesor en lugar de seguir aprendiendo. Eso apaga su motivación y puede dañar su autoestima.

Personalizar no consiste en un capricho metodológico. Es una necesidad educativa. Y más aún cuando entendemos cómo aprende el cerebro de quienes tienen alta capacidad.

Como decíamos, la alta capacidad tiene una base neurobiológica: el cerebro de estos estudiantes procesa, organiza e interpreta la información de forma más eficiente, con diferencias estructurales, mayor conectividad y una alta sensitividad, lo que la convierte en una mente con más recursos. Pero... ¿por qué se aburren si "son tan listos"? ¿Por qué desconectan si la tarea les resulta demasiado sencilla? La respuesta está en cómo funciona su cerebro y qué tipo de aprendizaje necesitan.

No es que "se adelanten" porque sí: su cerebro busca significado y reto desde muy pequeños. Si no lo encuentran, se aburren, se desmotivan o incluso se desconectan.

	Aprendizaje memorístico	Aprendizaje significativo
Qué se busca	Recordar datos	Comprender y conectar ideas
Método	Repetición, copia, listas	Asociación con conocimientos previos, reflexión
Duración del recuerdo	A corto plazo	A largo plazo
Motivación	Externa (nota, examen)	Interna (curiosidad, utilidad, reto)
Reacción del alumnado con ACI	Desconexión, aburrimiento, frustración	Activación, interés, implicación

Tabla 2. Aprendizaje significativo vs. aprendizaje memorístico

El alumnado con alta capacidad necesita ir más allá de la simple memorización. Necesita comprender, vincular, aplicar, transformar.

4. Aprender o memorizar

Aquí es donde la ciencia del aprendizaje puede ayudarnos a tomar decisiones más conscientes y eficaces.

En su trabajo sobre los procesos de aprendizaje, el investigador Héctor Ruiz Martín[2] subraya una idea fundamental que a menudo se pasa por alto: aprender no consiste en repetir una y otra vez, sino en establecer conexiones significativas entre los conocimientos. La memoria a largo plazo, lejos de construirse a base de saturación, se afianza cuando lo aprendido tiene sentido y se integra con lo que ya sabemos.

Ruiz Martín defiende con firmeza el valor de estrategias como la **práctica espaciada y la recuperación activa,** es decir, plantearse preguntas, explicar lo aprendido o relacionarlo con otros conceptos, ya que han demostrado ser mucho más eficaces que técnicas tradicionales como la simple relectura o el repaso mecánico.

Aunque factores como la **motivación y la atención** pueden facilitar el aprendizaje, el autor recuerda que por sí solos no bastan. Lo esencial es contar con una estrategia didáctica sólida, que permita al estudiante comprender en profundidad.

En definitiva, **no se trata de cuánto se repite, sino de cómo se comprende.** Esta premisa es válida para cualquier persona, pero resulta especialmente crucial en el caso de los alumnos con altas capacidades, quienes no solo requieren estímulos constantes, sino también desafíos reales que les permitan desarrollar todo su potencial.

5. ¿Cuáles son sus necesidades? Por qué es NEAE

Aunque muchos alumnos con alta capacidad muestran una gran eficiencia cognitiva, el sistema educativo no siempre está preparado para dar una respuesta adecuada. Al exigirles avanzar al mismo ritmo que sus compañeros, sin posibilidad de ir más rápido o profundizar y sin entender sus dificultades, se les limita.

2 Héctor Ruiz Martín. Director de la International Science Teaching Foundation. Biólogo e investigador en los campos de la psicología cognitiva de la memoria y el aprendizaje.

Es como darle la misma cantidad de agua y sol a todas las plantas, independientemente de sus necesidades.

Mientras se ofrecen apoyos a quienes tienen dificultades, **no se permite avanzar a un ritmo superior** a quienes lo necesitan, lo que genera un bloqueo invisible: **su cerebro no se ejercita de forma adecuada, no desarrollan estrategias de estudio ni tolerancia a la frustración, y se habitúan a no esforzarse.** Esto puede derivar en bajo rendimiento o en **fracaso escolar,** si no se ofrece un plan de enriquecimiento o profundización ajustado a sus necesidades.

A esta falta de reto se suman **consecuencias emocionales y sociales:** frustración constante, desmotivación, somatizaciones, ansiedad o síntomas depresivos. No por exceso de exigencia, sino por **falta de adecuación.** La repetición innecesaria, la lentitud forzada o la falta de sentido en las tareas minan su bienestar y su autoestima.

Por todo ello, **la prevención es clave.** Ajustar el nivel de reto desde los primeros años evita que el fracaso escolar se "cocine a fuego lento" y estalle más adelante, ya acompañado de otras dificultades que podrían haberse evitado. La clave no es mandar trabajitos o adelantar por sistema, sino ofrecer una **respuesta educativa integral, personalizada, flexible y coherente** con el ritmo real y las necesidades de cada alumno.

6. Detección de indicios en el aula

Antes de realizar una evaluación psicopedagógica, que abordaremos en el siguiente bloque, está la detección de indicios. Los docentes deben detectar posibles necesidades, entre ellas, las altas capacidades.

Existen algunos cuestionarios que te pueden ayudar a determinar si tus sospechas pueden tener fundamento, te remitimos al apartado 3 del Capítulo 6.

Además, te proporcionamos un listado de 10 ítems para que puedas usarlo en clase:

1. Desarrollo de los hitos del desarrollo de forma precoz.
2. Tiene una buena memoria y es capaz de explicar con demasiado detalle.
3. Tiene un vocabulario y una forma de expresarse superior a su edad.
4. Tiene conocimientos más avanzados que la media de la clase.
5. Hace preguntas muy profundas o perspicaces.
6. Tiene un aprendizaje muy rápido con respecto a sus compañeros.
7. Tiene un gran sentido de la justicia.
8. Emocionalmente es muy intenso.
9. En casa pide que le enseñen más cosas.
10. La familia nos cuenta que se aburre en clase y/o que tiene dificultades para gestionar la frustración o la ira.

Todos estos posibles indicios nos pueden ayudar a conocer y atender mejor a nuestro alumnado. Pero también nos podemos encontrar con alumnado disruptivo, pasivo o despistado. Las altas capacidades no siempre brillan a simple vista.

7. Qué hacer desde el aula

El papel del docente es clave para que el talento despierte y florezca. Algunas estrategias básicas:

- Observar con mirada abierta: ¿quién va más allá?, ¿quién conecta ideas?, ¿quién necesita más reto?
- Escuchar sus preguntas, aunque parezcan fuera de lugar.
- Trabajar el error como parte del aprendizaje, sin sobreexigir la perfección, sino el perfeccionamiento.
- Ofrecer tareas abiertas, de ampliación o profundización o con distintos niveles de profundidad.
- Validar sus emociones: la frustración, el aburrimiento o el perfeccionismo también son señales que necesitan acompañamiento.

Así se apaga... así se despierta

Se apaga el talento cuando...	Se despierta el talento cuando...
Se les manda repetir lo que ya saben	Se les proponen retos con sentido
Las tareas son mecánicas y sin contexto	El aprendizaje se conecta con la vida real
No se escuchan sus preguntas o ideas	Se les da espacio para explorar lo que les interesa
Se les corrige constantemente	Se valora el proceso y se fomenta la reflexión
Se les exige que trabajen solos siempre	Se les acompaña con altas expectativas y cercanía

Tabla 3. Así se apaga y así se despierta

8. Cuando el filtro es el que mira: nuestros sesgos

Todos miramos el mundo desde un filtro: nuestras experiencias, creencias y formación. Como docentes, también aplicamos este filtro sin darnos cuenta. A veces creemos que la alta capacidad se parece a lo que fuimos, o a lo que no fuimos, como alumnos. O pensamos que "si tuviera alta capacidad, lo notaría". El problema es que ese filtro selecciona a quién vemos... y a quién no.

Si asociamos alta capacidad solo con alto rendimiento, dejaremos fuera a quienes se aburren o no cumplen con lo esperado. Si creemos que siempre debe ir acompañada de buen comportamiento, no pensaremos en quien reta las normas.

Este fenómeno se llama **sesgo del profesional**[3]: aplicar sin querer una mirada estrecha que no encaja con la realidad del alumnado. Por eso es tan importante actualizar nuestras referencias y abrirnos a otras formas de talento. Porque muchas veces no es que el alumno no encaje... es que nuestra plantilla es demasiado rígida.

3 Ferretly. (2024). ¿Cómo afecta el sesgo de los maestros a los estudiantes? Recuperado de https://www.ferretly.com/es/blog/how-does-teacher-bias-affect-students

Sesgo de confirmación[4]: cuando solo vemos lo que esperamos ver

Uno de los sesgos cognitivos más frecuentes es el **sesgo de confirmación:** la tendencia a buscar, interpretar y recordar solo aquella información que confirma nuestras creencias previas. En el aula, esto puede significar que si un docente espera que un alumno determinado tenga dificultades, interpretará cada error como prueba de ello... aunque el mismo comportamiento en otro alumno no le llame la atención.

Este sesgo puede afectar especialmente al alumnado con alta capacidad que no encaja en el perfil "esperado": si no saca buenas notas, si se despista, si reta al adulto o se muestra emocionalmente inestable, el docente puede descartar su potencial intelectual sin buscar otras explicaciones. Se cae entonces en una **profecía autocumplida[5]:** si creemos que no lo es, no lo veremos... y si no lo vemos, no le atenderemos como necesita.

Por eso, más que buscar que "confirmen nuestras ideas", necesitamos aprender a mirar con mente abierta y con voluntad de comprender lo que aún no conocemos del todo.

9. Consecuencias de la no atención

Cuando un alumno percibe que el adulto no espera nada especial de él, o, incluso, que lo ve como "un problema", empieza a dudar de su propio valor. Sin darse cuenta, se adapta a ese rol. A veces lo hace rebelándose; otras, bajando su perfil hasta desaparecer. Es el **efecto Pigmalión negativo[6]:** el entorno baja las expectativas,

---

4 Nickerson, R. S. (1998). *Confirmation bias: A ubiquitous phenomenon in many guises*. Review of General Psychology, 2(2), 175–220. https://doi.org/10.1037/1089-2680.2.2.175

5 Merton, R. K. (1948). *The Self-Fulfilling Prophecy*. The Antioch Review, 8(2), 193–210. https://doi.org/10.2307/4609267

6 El **efecto Pigmalión negativo** se refiere a la influencia perjudicial que pueden tener las expectativas bajas o negativas de los profesores, padres u otros adultos sobre un niño o estudiante. Este fenómeno ocurre cuando se espera que una persona fracase o tenga un rendimiento bajo, lo que puede llevar a un comportamiento que cumpla con esas expectativas. La

y el alumno acaba cumpliéndolas. Por eso, mirar con respeto y confianza es el primer acto educativo.

A veces, cuando hablamos de altas capacidades, se nos olvida mirar desde dentro. No desde el currículo, ni desde las etiquetas, sino desde la vivencia personal (emocional y social) de quienes las tienen. No todos brillan en clase. Muchos sienten una gran presión y altas expectativas externas. No todos levantan la mano. Y muchos de ellos se sienten profundamente distintos sin saber por qué.

> *Me esfuerzo por encajar, pero siento que me paso la vida disimulando. Finjo que no sé tanto, que no me interesan las cosas que me gustan. Porque cuando soy yo misma, me miran como si fuera rara.*
>
> *— Clara, 13 años*

> *Me frustra que piensen que soy vago. A veces no hago nada porque ya sé hacerlo y me aburro. Pero en vez de entenderlo, me riñen o me dicen que me falta esfuerzo.*
>
> *— Jorge, 11 años*

> *Lo peor no es que no me entiendan. Lo peor es pensar que a lo mejor tienen razón y que debería dejar de hacer preguntas o de pensar tanto. A lo mejor no soy tan inteligente como dicen.*
>
> *— Saúl, 15 años*

Estos testimonios nos recuerdan algo esencial: tener alta capacidad no significa tenerlo todo fácil. De hecho, puede ser una experiencia solitaria, desconectada y cargada de dudas, si no se acompaña adecuadamente.

---

persona, al percibir estas expectativas, puede acabar actuando de acuerdo con ellas, lo que perpetúa el ciclo de bajo rendimiento o fracaso.

10. Cuando "no lo vemos"

Cuando un alumno con alta capacidad no es identificado, o no recibe una respuesta educativa que se ajuste a su perfil, pueden pasar muchas cosas. A veces, pasan desapercibidas. Otras, se malinterpretan.

Estos alumnos pueden:

- Sentirse diferentes y fuera de lugar.
- Dudar de su valor porque no encajan.
- Esconder lo que saben para no destacar.
- Perder el interés por aprender o adoptar actitudes desafiantes.
- No encontrar con quién compartir sus inquietudes.

Todo esto puede ocurrir incluso en aulas inclusivas, afectuosas, bien intencionadas. Porque la clave no está solo en el cariño, sino en la mirada. Y, sobre todo, en la respuesta. En el tipo de reto que se les ofrece. En el lugar que se les permite ocupar.

> *"Seño, yo no conozco canciones" (sí conocía), "yo no voy a ser nunca el primero en responder" (lo fue), "no soy lo suficientemente bueno" (lo era), "no siento que nadie me quiera en el colegio" (empezó a sentirse querido), "si saco malas notas, me castigan" (cambiamos castigos por técnicas de aprendizaje), "si pregunto una duda de algo ya explicado, se enfada el profe" (le permití preguntar sin miedo). Nos centramos en repetirles lo que no hacen bien en lugar de potenciar sus capacidades y habilidades para que puedan sorprendernos. ¿Qué tal si cambiamos la mirada?*
>
> *— Inés, testimonios de mi clase*

> *Más de una vez he visto a chicos y chicas con un potencial enorme apagarse poco a poco. No por falta de cariño, sino por falta de reto. Si no les ofrecemos un espacio donde puedan ser ellos mismos, donde se les vea y se les escuche, se desconectan. Y eso es responsabilidad nuestra.*
>
> *— Susana, testimonios desde clase*

11. Conocerlos mejor

Creemos firmemente que la atención educativa no es solo una cuestión de métodos. Es, sobre todo, una cuestión de escuchar, pensar y reflexionar sobre nuestra propia práctica educativa y cómo todo esto va afectando a nuestro alumnado.

A veces, lo más importante es aprender a ver lo que no salta a la vista. Porque hay alumnos que pasan desapercibidos, que no encajan en lo que imaginamos. Y cuando cambiamos nuestra forma de verlos, todo puede empezar a cambiar para ellos.

Por eso, insistimos tanto en ver más allá del rendimiento, observar con calma, escuchar con atención y crear contextos donde todo nuestro alumnado, también los que no lo dicen o no piden ayuda, se sientan tenidos en cuenta, valorados y acompañados.

Mural de las emociones: "Así lo viven por dentro..."

Frases reales o inspiradas en testimonios recogidos durante años de trabajo (y de vida) con alumnos de altas capacidades.

> *"Me encanta aprender, pero a veces me odio por no saber cómo parar mi cabeza."*
> *"Cuando digo lo que pienso, me miran raro. Así que he aprendido a callarme."*
> *"Me esfuerzo en hacerlo mal aposta. Si no, dicen que soy una sabelotodo."*
> *"Estoy rodeado, pero me siento solo."*
> *"Quiero gustar, pero también quiero ser yo. Y no sé si se puede tener las dos cosas."*
> *"Ojalá alguien entendiera lo difícil que es tener mil pensamientos a la vez y no saber por dónde empezar."*
> *"No me gusta ser el raro. Me gustaría solo... encajar."*
> *"No me preguntan cómo estoy. Solo si lo he entregado todo."*
> *"A veces, me dicen que soy muy inteligente, entonces me agobio y creo que no voy a poder hacerlo bien porque no me sale sin pensar."*

Claves

Conceptos Principales

- La escuela tradicional está diseñada para un alumno promedio que, en realidad, no existe.
- El alumnado con alta capacidad necesita estructuras que permitan reto, flexibilidad y seguridad emocional.
- No responder a estas necesidades desde el centro educativo perpetúa la desigualdad.

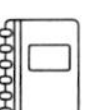

Recursos Útiles

A. Rúbrica de análisis del entorno escolar.
B. Checklist de señales de alta capacidad.

QR con recursos para descargar en página 254.

Por dónde empezar

- Habla con él desde la confianza. Pregúntale qué le gustaría aprender y si se siente motivado en clase. La familia también puede ofrecerte pistas valiosas si no se siente cómodo expresándolo contigo.
- Observa más allá de la conducta. Un alumno desconectado o con mal comportamiento puede estar manifestando una necesidad no atendida.
- Valida sus emociones. Frases como "entiendo que te frustre no poder avanzar a tu ritmo" pueden marcar la diferencia.
- Respeta su nivel real. No le pidas que repita aprendizajes ya consolidados solo para adaptarse al grupo.
- Cuestiona tus propias ideas. ¿Estás midiendo su capacidad por lo bien que se comporta o por lo rápido que termina? ¿Confundes cumplir tareas con aprender?

Capítulo 4.

Cómo se vive en casa

¿Por qué en casa es tan intenso y en el cole no lo ven?
¿Estoy exagerando si creo que mi hijo necesita algo distinto?
¿Qué hago si me dicen que no pasa nada tras la evaluación?
¿Y si parece que mi hija va bien, pero yo siento que está triste o desmotivada?

1. El punto de partida: intuición, dudas y soledad

> *Queridas Inés y Susana,*
> *Llevo meses dando vueltas a lo que le pasa a mi hijo. Es curioso, despierto, sensible… y muchas veces parece estar "fuera de lugar" en clase. En casa nos hace preguntas que ni sabemos responder. Pero en el cole dicen que está distraído, que no rinde, que necesita esforzarse más. No sé si tiene altas capacidades o simplemente es "diferente", pero siento que no estamos viendo lo que realmente necesita, que sufre. Me da miedo que se apague. ¿Qué puedo hacer? ¿A quién acudir? ¿Cómo sé si estoy exagerando?*
> *Gracias por estar ahí.*
>
> *—Estela, madre de Hugo, 8 años.*

Muchas familias comienzan este camino desde la incertidumbre. No saben poner nombre a lo que les pasa a sus hijos, pero intuyen que algo no encaja. No es raro que esa intuición esté acompañada de comentarios como "no para quieto", "lo quiere saber todo", "tiene respuestas demasiado elaboradas", "es muy sensible", "es muy intenso" o "no se adapta". Unos porque detectan precocidad en algunos hitos del desarrollo, otros, porque aprecian despistes inusuales.

Cuando comentan al tutor del centro escolar sus sospechas o indicios, en la mayoría de ocasiones, se invalida su argumentación, por lo que se encuentran con la puerta cerrada y sin saber qué hacer. Algunas familias buscan en internet o, directamente, acuden a un especialista externo que les de respuestas.

La llegada de un diagnóstico, cuando llega, aunque al principio nos ofrece una falsa sensación de alivio, ya que por fin se le ha puesto un nombre, pronto crea más desasosiego, miedo, desconocimiento, incertidumbre y frustración. A menudo, genera más dudas que ni el orientador ni el centro educativo saben responder. Lo que queda claro es que el sistema educativo no está preparado para acompañar. Lo que debería ser el inicio de una atención educativa adecuada, se convierte, muchas veces, en un camino cuesta arriba: falta de información, rechazo a las etiquetas, escasa coordinación entre escuela y familia, e incluso, juicios de valor.

"¿Y qué pasa ahora?", se preguntan muchas familias al salir de una evaluación psicopedagógica. La respuesta, lamentablemente, suele ser: "No pasa nada" o "no necesita nada", "es normal", "todos los niños son curiosos" o "no parece destacar tanto", "yo no lo veo", "a mí no me parece" o "ya se igualará".

Ante esta falta de reconocimiento o entendimiento, muchas familias se sienten confundidas, frustradas o incluso culpables por pensar que su hijo o hija necesita algo distinto. Algunas optan por buscar información por su cuenta o acudir a un especialista externo que confirme sus sospechas. Sin embargo, cuando llega el diagnóstico, no siempre vienen las soluciones. De hecho, puede generar aún más dudas, soledad e incomprensión si no va acompañado de una respuesta educativa efectiva.

2. Lo que no se nombra, no se atiende

Se tiende a pensar que "si no tiene problemas a simple vista, no necesita nada", que "ya se le pasará", que "todos somos iguales" o que "ya llegará su momento". Y, mientras tanto, los niños aprenden a no destacar, a no molestar, a enmascarar, a no pedir más y a aguantar, cuando pueden y son capaces, en el sistema educativo. En caso contrario, nos encontramos con niños incómodos, pedantes, desafiantes, aburridos, flojos o, simplemente, que nos hacen caso porque admiten la jerarquía de la obediencia hacia el adulto, pero que, cuando llegan a casa, explotan de todas las formas posibles.

Muchas veces, las familias que piden respuestas, se sienten incómodas. Se les acusa de presionar, de exagerar, de buscar privilegios. Pero en realidad, solo quieren que se vea a sus hijos como lo que son: niños con necesidades educativas específicas, como cualquier otro. Ni más, ni menos.

Los especialistas en Pedagogía Terapéutica[1], los únicos que a día de hoy tienen en su plan de estudios una mínima formación en altas capacidades, no tienen ni tiempo ni recursos para atenderlos, ni obligación legal, que es lo más llamativo para los profesionales. Y es así porque no tienen la suficiente formación y no lo entienden. Porque, aunque la normativa reconoce la necesidad de estos niños, no se materializa en recursos dentro del sistema educativo.

El mayor problema que encontramos es la falta de conocimiento y medidas educativas apropiadas.

> *Desde que empecé mi trayectoria docente, siempre he escuchado en las evaluaciones la frase "este alumno vive de las rentas, pero ya verás cuando ya no le funcione". Y muchas veces me he preguntado si los docentes contribuimos a que esa situación no mejore y ese alumno aprenda a desarrollar su potencial real.*

1 La Pedagogía Terapéutica hace referencia al Maestro especialista en Educación Especial el cual da respuesta al alumnado con Necesidades Específicas de Apoyo Educativo (NEAE).

¿Podría tratarse de un alumno de altas capacidades que no vemos? ¿Cómo lo podría ver?

— Elena, maestra de primaria

La escuela tiene una responsabilidad: identificar y atender las necesidades educativas del alumnado con alta capacidad. No se trata de privilegios, sino de equidad. Cada alumno debe recibir lo que necesita para desarrollarse plenamente.

3. ¿Cómo se comportan en casa?

En casa, estos niños y niñas pueden mostrarse de forma muy distinta a como lo hacen en el aula. Algunas señales habituales que observan las familias:

- Hacen preguntas complejas, que desbordan a los adultos.
- Se interesan profundamente por temas concretos.
- Tienen una gran sensibilidad emocional: se frustran, se enfadan o se emocionan con intensidad.
- Pueden tener una gran necesidad de control o de coherencia.
- A veces explotan en casa después de reprimir emociones en el colegio.
- Se aburren con facilidad si no se les propone algo que les motive.
- Aprenden de forma autónoma (que no por ciencia infusa).

Esto genera dinámicas familiares complejas. Algunas familias se sienten desbordadas por la intensidad de sus hijos. Otras viven con frustración la falta de respuesta del sistema educativo. Y muchas sienten que su preocupación es juzgada como exageración o sobreprotección.

La intensidad no es un defecto

Uno de los aspectos más visibles o frecuentes de las altas capacidades, junto con la curiosidad y ansias de saber, es la **intensidad**

emocional. Estos niños viven con profundidad. Sienten mucho. Piensan mucho. Dudan mucho. Les afecta la injusticia, la incoherencia, el aburrimiento. No soportan la arbitrariedad. Necesitan comprender, participar, crear.

Pero esa intensidad, si no se acompaña, puede volverse contra ellos: ansiedad, perfeccionismo, autoexigencia, miedo al error, problemas de adaptación… A veces, las señales no son brillantes, sino preocupantes.

La intensidad no es un problema a corregir, sino una riqueza a comprender.

Acompañarlos, ayudarles a entender que equivocarse es normal y que no tienen que hacerlo todo perfecto les ayuda a rebajar sus autoexigencias desmedidas. A veces, es bueno ayudarse de un profesional para que el niño trabaje el autoconocimiento y aprenda a gestionar esa complicada mochila que lleva a sus espaldas.

4. Cómo aprender a acompañar desde casa

Las familias, de forma recurrente, se sienten sobrepasadas por una educación más complicada, como es la de las altas capacidades. Frecuentemente nos piden pautas para poder educar mejor, atendiendo a sus necesidades. No existen fórmulas mágicas, pero sí algunas claves esenciales que pueden marcar la diferencia en el bienestar de tu hijo y en la relación que construís juntos. Esta guía no pretende dar recetas, sino ofrecer una brújula para acompañar mejor.

1. **Infórmate y fórmate para romper mitos y educar mejor**
   La alta capacidad no es sinónimo de perfección ni de problema. Formarte te ayudará a entender sus necesidades, evitar prejuicios y acompañarle con mayor serenidad. Las familias formadas son quienes mejor protegen, comprenden y potencian a sus hijos.
2. **Muestra tu amor incondicional**
   Tu amor no depende de sus logros ni de su conducta. Hazle saber que le quieres incluso cuando se equivoca, se desborda

o te desespera. No se trata de que su conducta no deba ser corregida o de que no tenga consecuencias, sino de acompañarlo de forma asertiva. Que sepa que tu cariño es su refugio, no su premio.

3. **Ayúdale a identificar y regular sus emociones**
   Los niños AACC no solo piensan con intensidad: también sienten con profundidad. Que aprendan a identificar lo que sienten y a calmarse es clave. Aprende sobre sus necesidades en momentos de desregulación y ofrece opciones claras y respetuosas: "¿Prefieres estar solo un rato y hacer algo o en un lugar que te ayude a calmarte?", "¿Necesitas un abrazo o palabras de consuelo?". Nombrar lo que sienten y ofrecer estrategias les ayuda a construir confianza y autorregulación.
4. **Sé ejemplo: tú también tienes emociones, límites y errores**
   Al hilo del punto anterior, hazle saber que tú también te saturas, te equivocas y necesitas espacio. Compartir tu propia forma de gestionar las emociones le enseña más que cualquier discurso. Pedir perdón, rectificar o parar a tiempo también es educar.
5. **Establece límites claros con sentido educativo**
   Educa desde la **disciplina positiva**[2], ni desde la permisividad ni desde la imposición. Se trata de acompañar con firmeza amable. Los límites protegen, organizan y sostienen. Ayúdale a entender por qué existen, y que las consecuencias sean coherentes, lógicas y respetuosas.
6. **Cuida su salud y bienestar integral**
   El sueño, la alimentación, el movimiento y el descanso son pilares básicos para su equilibrio físico y emocional. Establece rutinas realistas, flexibles pero constantes. Regula el uso de pantallas: el problema no es solo el tiempo, sino lo que dejan de hacer (interactuar, moverse, crear, descansar, vincularse).

2 Nelsen, J. (2002). *Disciplina positiva*. Oniro.

7. **Dedica tiempo, no solo momentos**
   La presencia continua tiene más impacto que el "tiempo de calidad". Comparte actividades cotidianas, sin pantallas ni prisas. Hablad de lo que ocurre dentro y fuera. Cread momentos juntos. Los valores se enseñan con las palabras, pero se aprenden con los actos compartidos.
8. **Impulsa sus intereses, sin miedo a "darle de más"**
   Si muestra pasión por un tema, acompáñale. No temas que "se adelante demasiado" o que se aburra, aunque sí debes ponerle unas normas básicas al respecto. Lo importante no es correr, sino permitirle profundidad, autonomía y estímulo en lo que le motiva. Explorar no es presionar: es respetar su ritmo real.
9. **Favorece relaciones personales sanas y variadas**
   Ayúdale a encontrar espacios donde pueda ser él mismo. Relacionarse con iguales, por intereses, nivel de conversación o afinidad, sean o no de alta capacidad, favorece su desarrollo social y autoestima. Escucha cómo se siente sin forzar ni aislar.
10. **Acompaña, no dirijas**
    No trates de controlar todo su desarrollo. Escucha más de lo que corriges, observa sin juicio, da espacio para el error. A veces basta con estar disponibles, presentes y atentos para que el niño crezca sabiendo que no está solo.

5. Capacidad compleja: otro nombre, otra mirada

Desde hace tiempo, hemos hablado de un término que, sin ser oficial ni técnico, ha ayudado a muchas familias y docentes a ponerle nombre a lo que viven y sienten sus alumnos e hijos: **capacidad compleja.** No lo proponemos como una definición cerrada o científica, sino como una forma posible de describir un perfil que combina un gran potencial con una manera intensa, profunda y a veces difícil de gestionar, pensar, sentir y estar en el mundo.

Hablar de **"capacidad compleja"** permite salir de la dicotomía entre "superdotación" y "normalidad". De entender que la alta capacidad conlleva fortalezas, pero también desafíos, y situar el foco en el acompañamiento personalizado. Esto es en lo que realmente debemos centrar nuestra atención.

> *Cuando evaluaron a Claudia con alta capacidad, su madre se emocionó y lloró. No porque pensara que tenía una hija "superdotada", sino porque por fin alguien había puesto palabras a lo que sentían y sufrían desde hacía años: "Por fin alguien ve lo que nosotros veíamos". Pero esa emoción duró poco. En su centro no hicieron nada distinto. Claudia seguía desconectada, aburrida, inquieta. Hasta que un día llegó una nueva tutora. Le propuso un reto: escribir una historia ilustrada sobre mujeres científicas. Claudia brilló. Y la clase también. Ese fue el verdadero diagnóstico: no lo que decía el informe, sino lo que pudo hacer cuando alguien creyó en ella.*
>
> *– Antonio, padre de Claudia 10 años*

El papel de las familias

Las familias son piezas clave en el acompañamiento de sus hijos.

Algunas claves:

- El camino de las familias empieza muchas veces desde la **intuición** y la **incertidumbre.** A veces, tienen **indicios** claros y suficientes para entender y poder ponerle nombre. Otras veces, tardan mucho tiempo en poder llegar a la **identificación.**
- El diagnóstico no siempre abre puertas, si no va acompañado de **acciones concretas.** Es como si el médico te diagnostica la enfermedad y, aunque te da la receta del medicamento para tratarla, nadie te la vende.

- La **intensidad emocional** es un rasgo común que merece ser visibilizado y atendido dentro de las necesidades educativas del niño.
- **Cambiar el lenguaje** (como hablar de "capacidad compleja" o de las dificultades que tiene por ser alumnado NEAE) puede abrir **nuevas miradas** un poco más comprensivas con sus necesidades.
- La **colaboración familia-escuela es clave:** los niños necesitan ser comprendidos en ambos contextos y la comunicación y los acuerdos comunes son imprescindibles.
- Cuando una familia empieza a entender a su hijo y el porqué de su singularidad, el mundo empieza a tener sentido para él.

Las familias también son espejo: cuando esperan con amor y seguridad, los hijos encuentran un lugar desde el que crecer. A veces, basta con cambiar la pregunta "¿será demasiado?" por "¿cómo puedo acompañar su intensidad?" para cambiarlo todo. La profecía autocumplida también puede ser luminosa.

Cuando los padres se ven reflejados en sus hijos: el adulto no identificado

A veces, al conocer más sobre la alta capacidad de sus hijos, algunas madres y padres comienzan a verse reflejados en esas características. Y no es raro que, en ese proceso, emerjan recuerdos, sensaciones o vivencias de la propia infancia que habían quedado sin nombre. Lo que inicialmente era solo una sospecha sobre el niño, se convierte también en una relectura profunda de la propia historia personal.

Es importante entender que la alta capacidad no define completamente a una persona. Cada individuo tiene una configuración única de personalidad, entorno, experiencias y emociones. Aunque existen rasgos comunes, cada perfil es distinto, y por eso no siempre se produce una identificación total. Aun así, muchas personas adultas, al reconocerse en esos patrones, encuentran sentido a muchas vivencias que hasta entonces habían sido confusas o dolorosas.

Una de las características que suele emerger en este proceso es el síndrome de la impostora (o impostor), esa sensación persistente de no estar a la altura, de no merecer los logros, de "haber tenido suerte" en lugar de reconocer el propio talento. Este sentimiento es especialmente común en personas con alta capacidad no identificada, que crecieron sin comprender por qué se sentían distintas o por qué no encajaban del todo.

Cuando el descubrimiento de la alta capacidad llega en la edad adulta, puede desencadenar un verdadero proceso de duelo personal: se despide una versión anterior de uno mismo —aquella que siempre se exigía más, que se sentía extraña, que nunca terminaba de entender su modo de sentir o pensar— y se abre paso una nueva etapa de autocomprensión. Esta transición no es inmediata. Suele incluir fases de negación, duda, enfado, tristeza... hasta llegar a la aceptación y redescubrimiento.

No te preocupes si todo esto te remueve o te genera incertidumbre. Estás iniciando un camino que puede ser intenso, pero también profundamente reparador. Porque cuando una madre o un padre se comprende mejor, también puede acompañar mejor. Y ese es un regalo inmenso para ti... y para tu hijo o hija.

> *Durante años pensé que simplemente era "demasiado". Demasiado intensa, demasiado sensible, demasiado exigente conmigo misma.*
> *Me costaba encajar. Me aburría en clase, pero me angustiaba cuando algo no salía perfecto. Me encantaba aprender, pero odiaba que me dijeran cómo. Fui buena estudiante, pero nunca sentí que encajara del todo. Ni conmigo misma.*
> *Cuando empezamos a sospechar que nuestro hijo podía tener alta capacidad, comencé a leer, a preguntar, a observarle... y, sin quererlo, empecé a reconocerme. En su forma de hacerse preguntas, en cómo se emocionaba, en sus enfados intensos y sus respuestas inusuales.*

> *Una tarde, después de una tutoría, me encerré en el baño y lloré. No por él, sino por mí. Porque comprendí que no era "demasiado". Era lo que era. Y que nadie —ni siquiera yo— me había ayudado a entenderlo.*
>
> *Ahora sé que mirarle a él me ha ayudado a mirarme a mí. Que acompañarlo también me ha dado la oportunidad de acompañarme. Y que cuando alguien pone nombre a lo que vive, aunque llegue tarde, algo dentro se recoloca para siempre.*
>
> *— Carla, madre de Joel*

6. El papel fundamental de las asociaciones

Las **asociaciones de familias con hijos e hijas de alta capacidad** cumplen un papel fundamental de acompañamiento, orientación y defensa de sus derechos. Surgen, en muchos casos, como respuesta a la soledad y la falta de información que experimentan muchas familias tras el diagnóstico o la identificación.

¿Qué funciones tienen?

No todas las asociaciones son iguales, cada una establece sus objetivos en función de sus necesidades e intereses. Entre ellas, están:

- **Informar y orientar** a las familias sobre la alta capacidad y acompañarlos.
- **Ofrecer espacios de encuentro** donde compartir experiencias, dudas y estrategias.
- **Organizar actividades** enriquecedoras para niños y adolescentes, donde puedan expresarse con libertad, aprender desde la motivación y relacionarse con iguales en intereses o ritmos.
- **Impulsar la formación y la sensibilización social.**
- **Defender los derechos del alumnado con alta capacidad,** promoviendo una atención educativa adecuada y equitativa.
- **Colaborar con otras asociaciones** para defender sus derechos.

Claves

Conceptos Principales

- En casa, la alta capacidad se puede manifestar de forma diferente al aula.
- Acompañar desde casa requiere presencia, formación, límites afectivos, escucha activa y oportunidades para crecer.
- La colaboración familia-escuela es esencial para el bienestar del alumnado. Las asociaciones de familias también suponen un apoyo importante.

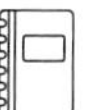

Recursos Útiles

A. Infografía de acompañamiento emocional para familias
B. www.asociacionamaci.com
C. https://altas-capacidades.es/listado-de-asociaciones-de-altas-capacidades/

QR con recursos para descargar en página 254.

Por dónde empezar

- Si eres familia: observa con curiosidad, no con miedo. Busca espacios seguros donde tu hijo o hija pueda ser él mismo. Informa al centro escolar de tus indicios.
- Si eres docente: escucha activamente a las familias. No invalides sus intuiciones. Pregunta, acompaña, y recuerda que sois equipo.
- En ambos casos: pon palabras a lo que veis. Nombrar, visibilizar y validar es el primer paso hacia un cambio real.

BLOQUE 2.
Evaluar para comprender, no para clasificar

Capítulo 5.

Evaluación Psicopedagógica

1. Qué es la evaluación psicopedagógica

La evaluación psicopedagógica de la alta capacidad es un proceso sistemático, realizado por el orientador del centro educativo o por un psicólogo clínico externo, que analiza el perfil cognitivo, creativo, emocional y contextual del alumno. Su objetivo es comprender cómo aprende, qué necesita y cómo acompañarlo, para ajustar la respuesta educativa de forma individualizada. Debe incluir pruebas estandarizadas, observación, entrevistas y recogida de información del entorno escolar y familiar.

Con respecto a la evaluación, es importante saber que:

- No hay un único test que determine si alguien tiene alta capacidad.
- La evaluación debe ser psicopedagógica, multifactorial[1], amplia, contextualizada y con perspectiva de desarrollo.

1 Se refiere a que el rendimiento del estudiante depende de varios factores, como los aspectos cognitivos, emocionales, sociales y ambientales, los cuales se consideran para realizar una intervención adecuada.

- La identificación no debe buscar etiquetas, sino **entender mejor para poder acompañar mejor.**
- Independientemente de los resultados, los docentes tenemos que atender las necesidades de nuestro alumnado desde el primer día.

Cuando me dijeron que mi hija tenía alta capacidad, me sentí perdida. ¿Y ahora qué? ¿Tenía que cambiar algo? ¿Iba a tener problemas? Pero cuando entendí que no era una etiqueta, sino una forma de mirar su forma de ser, todo cambió. Ya no me asustaba. Me ayudaba a verla. Ella no había cambiado, ha sido así y es así siempre.

— Cristina, madre de Laura

2. Cómo se identifica la alta capacidad

¿Quién decide si un alumno tiene alta capacidad?
¿Tiene que hacer un test? ¿Vale con que saque buenas notas?
¿Y si creo que lo es pero nadie lo ha valorado aún?
¿Se puede identificar en Infantil?
¿Qué pasa si no se identifica y pasan los años?

¿Cuál es la diferencia entre identificar y evaluar?

Identificar es reconocer señales que revelan características de alta capacidad en un alumno concreto.

Evaluar es el proceso de realización de las pruebas.

Al final de la evaluación se determina si se reconoce que el alumno presenta alta capacidad intelectual y que, por tanto, tiene derecho a una respuesta educativa adaptada a sus necesidades.

3. La evaluación es el primer paso, no el objetivo final

La evaluación no es una meta, ni una etiqueta, ni, mucho menos, una etiqueta de élite. Es una herramienta. Un punto de partida para comprender mejor y actuar mejor. N**o es ponerle un cartel** ni pretender que se le dé un trato especial o diferente. Es reconocer cómo aprende, cómo siente, qué necesita y cómo podemos ayudarle a desplegar su potencial con equilibrio. Es cuestión de justicia y equidad. Cuando no se identifica, muchas veces se invisibiliza. Y lo que no se ve, no se atiende.

4. ¿Cómo se identifica?

No hay un solo camino, pero sí hay **elementos clave que toda identificación rigurosa debe incluir.** La normativa puede variar por comunidad, pero el enfoque pedagógico y humano debe ser común:

Elemento	¿Por qué es importante?
Evaluación psicopedagógica	Aporta información cognitiva, emocional, motivacional y contextual
Observación sistemática	Complementa los datos con lo que se ve en el aula y fuera de ella
Información de la familia	Ofrece perspectiva sobre intereses, formas de ser, procesos vitales
Percepción del propio alumno	Ayuda a valorar autoconcepto, motivación y necesidades sentidas

Tabla 4. Elementos clave en la identificación

No se trata de buscar un número alto en un test. Se trata de **entender el perfil del alumno en su conjunto.**

5. ¿Cuándo y quién decide evaluar?

La alta capacidad puede detectarse **desde edades tempranas,** incluso en Infantil, se pueden observar señales evidentes, dependiendo del caso. De hecho, una detección temprana en educación infantil ayuda a una mejor atención e intervención preventiva. Pero es importante no precipitarse ni cerrarse a un único momento. **Lo importante es no esperar a que haya problemas** para empezar a mirar con otros ojos. La evaluación es necesaria e independiente a las notas o comportamiento. Por eso, los programas preventivos son tan importantes.

¿Quién puede iniciar el proceso de identificación y evaluación?

Según la **LOMLOE**, en su artículo 71, la identificación de las necesidades educativas debe hacerse lo más tempranamente posible, y corresponde a las administraciones educativas asegurar los recursos necesarios para que todo el alumnado, incluyendo el de altas capacidades, reciba la atención que necesita. La evaluación psicopedagógica suele ser realizada por el equipo de orientación del centro, pero su inicio no depende solo de ellos. Dependiendo de la Comunidad Autónoma, la evaluación puede ser propuesta, o no, por cualquier miembro de la comunidad educativa. Lo que crea una discriminación entre comunidades. Atender las necesidades que requieran una respuesta educativa, una detección, una identificación, o una evaluación no debería de depender de la voluntad de una administación autonómica, sino que debería de estar regulado a nivel estatal.

El papel del centro educativo en la evaluación

La normativa vigente, tanto a nivel estatal (LOMLOE, artículo 71) como los desarrollos de las distintas comunidades autónomas, establecen que el profesorado debe iniciar el procedimiento de evaluación psicopedagógica cuando detecte indicios de que un alumno pueda presentar necesidades específicas de apoyo educativo, entre ellas las altas capacidades, independientemente de su rendimiento académico u otras circunstancias personales.

Este proceso puede comenzar por iniciativa del equipo docente, pero también a propuesta de la familia, ya sea mediante una reunión, un escrito formal o la aportación de cuestionarios o informes externos. En todos los casos, la responsabilidad del centro es activar el protocolo de derivación al equipo de orientación, de manera que se valore adecuadamente las necesidades del alumno y se garantice su derecho a una respuesta educativa ajustada.

> *Nos dijeron que como sacaba buenas notas, no hacía falta evaluar. Tres años después, cuando empezó a suspender, empezaron las prisas. Pero ya no era lo mismo.*
>
> *— Lorena, madre de Javier*

A veces, la falta de formación específica o la presencia de mitos pueden generar confusión entre el profesorado. Es importante aclarar que:

La familia sí puede solicitar la evaluación, y esa solicitud debe ser debidamente tenida en cuenta.

> *Pedimos la evaluación al ver que nuestro hijo se aburría en clase y se frustraba muchísimo, y nos dijeron que solo podían hacerlo si lo pedía el tutor. Tuvimos que esperar dos cursos. Para entonces, ya tenía problemas de ansiedad severos.*
>
> *— Merche, madre de Sofía*

Los informes de centros externos no deben ser descartados automáticamente. La normativa no impide su consideración, ya que también cumplen con unos requisitos y protocolos establecidos para garantizar su fiabilidad (registro sanitario, código deontológico, protección de datos, etc.). Deben ser recogidos, valorados y, si es necesario, complementados con pruebas adicionales por parte del equipo de orientación, según se establezca en cada normativa comunitaria.

> *Nos dijeron que no aceptaban informes privados, y que eso lo hacíamos "porque queríamos que fuera especial". Después de preguntar en inspección, el propio centro nos reconoció que el informe era fiable y el orientador lo censó.*
>
> *— Sonia, madre de Miguel*

Las buenas calificaciones no excluyen la alta capacidad. El rendimiento académico es solo una manifestación más, pero no siempre refleja el potencial ni el perfil real del alumno.

> *Mi hija tenía sobresalientes, pero lloraba cada día antes de ir al cole. Me decían que no le pasaba nada, hasta que el psicólogo externo que la trataba, les habló de las somatizaciones de mi hija.*
>
> *— Rafa, padre de Victoria*

Por otro lado, muchos equipos de orientación enfrentan altas ratios y una gran carga burocrática, lo que retrasa los procesos. Aun así, esto no justifica ignorar ni demorar indefinidamente la evaluación cuando se han recogido indicios. Es importante recordar que no existe ninguna normativa que establezca prioridades de unas evaluaciones sobre otras: todas deben ser atendidas con equidad.

> *Nos dijeron que "había casos más urgentes". Pero pasaron dos cursos y seguimos sin respuesta. Mientras tanto, mi hijo empezó a odiar el colegio.*
>
> *— Bea, madre de Alejandro*

Por eso, más allá de los procedimientos, lo esencial es que familias, docentes y orientadores trabajen en la misma dirección, reconociendo los indicios, activando los protocolos y situando al menor en el centro del proceso educativo.

6. Detección con pruebas colectivas

Las pruebas de aptitudes colectivas, como, por ejemplo, el **Badyg**[2], combinadas con otras pruebas de **inteligencia no verbal**[3], pueden utilizarse en los centros educativos para detectar, de forma general, a aquellos alumnos que podrían necesitar **enriquecimiento educativo** en una o varias áreas.

Al aplicarse en grupo, permiten hacer un **primer cribado** a muchos estudiantes a la vez y en poco tiempo, lo que supone un importante **ahorro de tiempo, esfuerzo y recursos personales.**

Gracias a estas pruebas, el centro puede identificar rápidamente perfiles con potencial en una o varias áreas y empezar a ofrecerles, dentro y fuera del aula, los **ajustes educativos** que necesiten.

Después, los alumnos que obtienen resultados por encima de un determinado **percentil**[4] pueden pasar a una **segunda fase** con pruebas individuales más completas. Estas ayudarán a **definir mejor su perfil** y valorar si necesitan medidas más específicas o extraordinarias, como **adaptaciones curriculares** o **programas personalizados.**

7. El perfil sensorial: una mirada más profunda

Aparte del proceso de evaluación, especialmente en aquellos casos donde observamos intensidad emocional, respuestas extremas a estímulos o comportamientos que parecen desajustados al contexto, puede ser útil complementar la información con un perfil sensorial.

---

2 El BADyG (Batería de Aptitudes Diferenciales y Generales) es una herramienta psicométrica diseñada para evaluar diversas aptitudes cognitivas en contextos educativos y clínicos.

3 Las pruebas de inteligencia no verbal son test que evalúan habilidades cognitivas como el razonamiento lógico, la percepción visual y la resolución de problemas sin depender del lenguaje, lo que las hace ideales para personas con dificultades lingüísticas, niños pequeños o estudiantes extranjeros. Entre las más utilizadas se encuentran las Matrices Progresivas de Raven, el TONI, el test de Cattell y la escala Leiter, todas centradas en tareas visuales o manipulativas. Estas pruebas se emplean en contextos educativos, clínicos y laborales para detectar altas capacidades, dificultades de aprendizaje o necesidades específicas de apoyo.

4 Medida estadística que indica la posición relativa de un individuo dentro de un grupo.

Este perfil permite conocer **cómo el alumno procesa y responde a los estímulos del entorno:** sonidos, luces, texturas, movimientos, etc. y cómo eso influye en su conducta, su bienestar y su forma de aprender. No todos los niños viven del mismo modo: algunos se sienten sobreestimulados con facilidad, otros necesitan un entorno más activo o con menos ruido para concentrarse. **Comprenderlo permite ajustar no solo lo que se enseña, sino cómo se enseña.**

Aunque actualmente **no forma parte del protocolo habitual de evaluación psicopedagógica en los centros educativos,** puede ser una herramienta muy útil en determinados casos, especialmente cuando hay sospechas de **alta sensibilidad, sobreexcitabilidad sensorial o comorbilidades.**

Su aplicación debe realizarla un terapeuta ocupacional formado en integración sensorial, y se basa en cuestionarios estandarizados y observación contextual.

Incluir esta mirada sensorial no complica la evaluación, la completa. Nos ayuda a comprender mejor la diversidad, prevenir malestares y acompañar de forma más ajustada a quienes sienten el mundo con más intensidad.

Claves

Conceptos Principales

- La identificación es un proceso continuo y contextual, no una etiqueta definitiva ni cerrada.
- Debe combinar instrumentos formales (tests) con observación cualitativa, evaluación dinámica y participación de la familia y el entorno educativo.
- Un error común es confundir evaluación psicométrica con diagnóstico clínico: no se "diagnostica" alta capacidad.

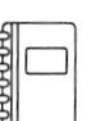

Recursos Útiles

A. Infografía proceso de evaluación.
B. Cuestionarios de Luz Pérez y Rogers https://altas-capacidades.es/ayudas-a-la-deteccion/
C. https://www.mamavaliente.es/2022/05/12/como-preparar-a-tu-hijo-para-la-evaluacion-de-altas-capacidades-intelectuales/

QR con recursos para descargar en página 254.

Por dónde empezar

- Observa sin buscar diagnósticos: busca potencial, preguntas, señales.
- Habla con el equipo docente si crees que un alumno podría tener alta capacidad.
- Cuestiona si lo que haces permite que todos muestren lo que realmente saben.

Capítulo 6.
Función de la evaluación

¿En qué consiste exactamente la evaluación psicopedagógica?
¿Solo se basa en un test de inteligencia?
¿Qué deben evaluar además del CI?
¿Puede equivocarse una evaluación?
¿Cómo sé si está bien hecha?

1. Evaluar no es etiquetar: es entender para acompañar

Una evaluación psicopedagógica[1] no es un número ni un sello. Es una **mirada profunda, contextual y global** que busca comprender a una persona en su totalidad: cómo piensa, cómo siente, cómo aprende, qué le motiva, qué necesita y cómo podemos acompañarla mejor.

Una buena evaluación no pone límites. Abre caminos.

2. ¿Qué debe incluir una evaluación de alta capacidad?

Una evaluación rigurosa y respetuosa debe incluir, al menos, los siguientes bloques:

1 Una evaluación psicopedagógica es un proceso sistemático y personalizado que tiene como objetivo conocer en profundidad las características, necesidades y potencialidades de un estudiante para ofrecerle la respuesta educativa más adecuada.

Área	¿Qué se explora?
Cognitiva	Razonamiento verbal, lógico, visoespacial, memoria, creatividad...
Académica	Nivel de rendimiento respecto a lo esperado por edad o curso
Socioemocional	Autoestima, autorregulación, habilidades sociales, intereses
Contextual	Estilo educativo familiar, historia vital, estilo de aprendizaje
Motivacional y actitudinal	Intereses, persistencia, frustración, implicación en tareas

Tabla 5. Bloques recomendados

Una prueba de inteligencia es solo una parte. Es la foto de un momento, pero el vídeo completo incluye muchas más escenas. En caso de alta sensibilidad, nosotras recomendamos hacer también una evaluación del **perfil sensorial**[2] de la persona.

3. ¿Qué pruebas se utilizan?

Qué son los cuestionarios y por qué son insuficientes

Los cuestionarios a familias son herramientas de recogida de información que permiten conocer cómo se comporta, piensa y siente un niño o niña fuera del entorno escolar. A través de preguntas sencillas sobre intereses, lenguaje, emociones o manera de relacionarse, las familias o docentes pueden aportar pistas valiosas sobre posibles indicadores de alta capacidad.

Existen, además, algunos cuestionarios que te pueden ayudar a determinar si tus sospechas pueden tener fundamento. Los más conocidos, son:

2 La evaluación del perfil sensorial es un proceso que analiza cómo una persona percibe y responde a los estímulos sensoriales del entorno, identificando posibles hipersensibilidades o hiposensibilidades. Se utiliza especialmente en casos como autismo, TDAH o trastornos del desarrollo, y sirve para adaptar el entorno y las intervenciones a las necesidades sensoriales individuales.

- Test de Rogers online o Luz Perez (los puedes encontrar en recursos del capítulo anterior).

Los **cuestionarios de final de etapa** se realizan en algunas comunidades autónomas, recordemos que no existe consenso de procedimientos a nivel nacional, a familias y/o docentes al final de cada etapa educativa con el objetivo de detectar indicios. Sin embargo, muchas familias no los rellenan de forma adecuada, ya que consideran que su hijo tiene un desarrollo "normal". Por otro lado, los docentes, como ya comentamos, no ven destacables a algunos alumnos por falta de formación específica.

No buscan diagnosticar, sino ayudar a observar mejor. No son pruebas objetivas, sino herramientas para ayudar a la observación.

Los cribados individuales o grupales

Los cribados (o pruebas de detección temprana) son evaluaciones breves, generalmente aplicadas a grupos completos en el aula o de forma individual a un alumno cuyo cuestionario ha detectado un desarrollo diferente, que permite identificar indicios de alta capacidad. Se centran en medir aptitudes generales como la comprensión verbal, el razonamiento lógico, la memoria o la creatividad. No sustituyen a la evaluación psicopedagógica, pero ayudan a **detectar a quién conviene observar más de cerca.**

Se usan como "filtro": permiten ampliar la mirada y evitar que algunos perfiles pasen desapercibidos. Sin embargo, en muchas ocasiones no se realizan todas las pruebas necesarias que puedan detectar indicios en los diferentes perfiles de alta capacidad.

Dependiendo de la comunidad autónoma, se realizará o no cuestionarios, cribados o evaluaciones en un momento u otro. No existe consenso ni procedimiento conjunto para detectar al máximo de alumnado posible y poder así, atender sus necesidades.

A nivel de centro, con pruebas o sin ellas, el objetivo de los docentes, haya o no pruebas concluyentes o negativas, nos tenemos que ceñir a las necesidades. Si tiene un nivel y ritmo diferentes, hay que poner medidas ordinarias de aula desde el inicio.

La inexistencia de protocolos de actuación necesarios para las pruebas

Cuando un alumno va a ser evaluado, ya sea mediante un cribado individual o una evaluación completa, deberían tenerse en cuenta factores que, en algunas ocasiones, por desconocimiento o falta de protocolos efectivos estandarizados, no se realizan. De esa forma, en algunos casos, los resultados no son los que deberían ser y el alumnado no se identifica correctamente.

Estas medidas, necesarias para una correcta identificación, podrían ser:

- **Reunión previa de coordinación familia-tutor-orientador** para determinar los requisitos de las pruebas y el estado en el que el niño debe afrontar las mismas. El alumno debe realizarlas en el mejor de sus estados físicos y emocionales, por lo que se ha de tener en cuenta cualquier factor que lo impida para retrasar la prueba.
- **Explicación previa de las familias al alumno:** para que el niño o adolescente no se niegue ni bloquee, se debe explicar, atendiendo a su edad y comprensión, que va a realizar unas actividades fuera de clase y que no es un examen, por lo que el objetivo de las mismas es pasarlo bien, ya que pueden interpretarse como juegos que le pueden gustar. También se debe explicar que es muy importante que atienda a las instrucciones y deje claro cuándo se siente cansado.
- **Preparación del tutor o docente** que tenga clase antes y durante las pruebas. La clase anterior a las pruebas no puede ser una clase con una carga mental importante o que pueda cansar mentalmente al alumno, ya que puede afectar al resultado de las pruebas. La clase en la que el niño sale a la realización de las pruebas no puede ser una clase donde se realicen actividades de su interés personal

o que puedan hacer que el niño no quiera salir de clase. De la misma forma, el docente tiene que asegurar al niño de forma previa que lo que se va a tratar en clase se lo explicará después para que no se pierda nada ni sienta ansiedad por irse.

- **Durante las pruebas,** el orientador tiene que asegurarse que el niño tiene voluntad e interés por hacer las pruebas. Si detecta cansancio, falta de interés o bloqueo, debe parar las pruebas de forma inmediata y proseguir en otra sesión.

Tipos de pruebas

No existe una única batería. Lo más habitual es que se combinen:

- Pruebas estandarizadas de inteligencia general (MSCA, WPPSI-IV, WISC-V, K-ABC, K-Bit, CPM, SPM Y AMP, FACTOR g-R, D-48, TIG, RIAS, RIST…).
- Pruebas de aptitudes (PMA-R, TEA, BAPAE, BADyG, EFAI, BTI, AEI-R,...).
- Pruebas de creatividad (PCGI, Crea, PIC-N, PIC-J, TCI)
- Otras pruebas para aspectos de la personalidad y adaptación (ESPQ, CPQ, EPQ, TAMAI, BAS, BASC, SENA).
- Cuestionarios para la familia, el tutor y el propio alumno.
- Entrevistas, observación y análisis del trabajo escolar y otras producciones.

La evaluación debe ser multimétodo, multifuente y multiperspectiva.

4. ¿Y si solo se mide el CI?

Aquí es donde muchas familias y docentes se frustran. Un alumno puede tener alta capacidad y **no reflejarla en un único test,** por múltiples motivos: ansiedad, bloqueo emocional, desconocimiento de su estilo de aprendizaje, falta de confianza…

Por eso es fundamental que:

- No se descarte el potencial si el resultado no es claro.
- Se valore la coherencia entre los diferentes datos.
- Se vuelva a observar y acompañar con apertura.
- Se permita reevaluar más adelante si hace falta.

El CI no es la verdad absoluta. Es solo un dato entre muchos. Y, por cierto, cambia.

Más allá de los resultados

El psicólogo Asier Arrieta, en una charla con Bea Sánchez[3], lo explica con mucha claridad: **las pruebas de inteligencia no lo son todo.** Son una parte importante del proceso, pero no pueden ni deben interpretarse de forma aislada. A veces, los resultados no coinciden con lo que la familia, el profesorado o incluso el propio alumno esperaban. Y eso no significa que no haya altas capacidades.

¿Por qué ocurre esto? Porque los resultados de una prueba dependen de muchos factores: el estado emocional del niño o la niña ese día, su nivel de motivación, el contexto en el que se realiza la evaluación, su nivel de confianza con el evaluador, el lenguaje de la prueba o incluso el tipo de inteligencia que predomina en su perfil.

Por eso, Arrieta insiste en que, si los resultados no son los esperados, no hay que dar por cerrado el diagnóstico ni descartar nada de forma tajante. Al contrario: es el momento de mirar más allá del número. De observar con calma, de escuchar lo que nos cuentan la familia, el profesorado y, sobre todo, el propio alumno o alumna.

Como ya hemos comentado anteriormente, la evaluación debe ser siempre **multifactorial** (multimétodo, multifuente y multiperspectiva). Porque un test puede no reflejar todo el potencial de un niño con alta capacidad, especialmente si hay otras variables que lo

3 Canal de Bea Sánchez. (2 enero 2024). ¿Qué necesita una alta capacidad? con Asier Arrieta. https://youtu.be/9O1yj1p7fOU

acompañan, como el TDAH, el autismo, la ansiedad o simplemente una historia escolar en la que no ha podido brillar. Dejamos su charla en recursos, nos parece imprescindible.

5. ¿Quién realiza la evaluación y cómo debe comunicarse?

Como ya hemos comentado anteriormente, la evaluación, dentro del sistema educativo, la realiza habitualmente el **equipo de orientación del centro,** aunque también puede hacerse desde equipos externos. Lo ideal es que haya **colaboración y reconocimiento mutuo.** Y lo más importante, que el evaluador tenga formación y experiencia con alumnado con altas capacidades.

Y tan importante como evaluar bien es **comunicar bien el resultado,** de forma clara y sin etiquetas, con respeto por el ritmo emocional del alumno y su familia, centrándose en las fortalezas, necesidades y posibles ajustes y proponiendo un plan de actuación y seguimiento realista.

> *Evaluar a un alumno con alta capacidad es abrir una puerta. No para encerrarlo con una etiqueta, sino para acompañarlo mejor. Cuando ves cómo conecta ideas, cómo se emociona, cómo se bloquea o se apaga…Te das cuenta de que medir no basta. Hay que comprender.*
>
> *—Marisol, Orientadora de un Colegio de Primaria*

Claves

Conceptos Principales

- No medimos para clasificar. Evaluamos para conocer, acompañar y ajustar.
- La evaluación debe ser completa, rigurosa y respetuosa, incluyendo todo lo necesario.
- La evaluación, a fin de que se garantice sus resultados, debe ser un proceso coordinado entre familia y escuela, pero a día de hoy no existen protocolos para ello.

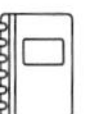

Recursos Útiles

A. Infografía "Evaluar para comprender".
B. ¿Qué necesita una alta capacidad? con Asier Arrieta. https://youtu.be/9O1yj1p7fOU
C. Pfeiffer, S. I. (2017). Identificación y evaluación del alumnado con altas capacidades: Una guía práctica. UNIR Editorial.
D. https://altas-capacidades.es/orientacion-a-familias/

QR con recursos para descargar en página 254.

Por dónde empezar

- Pregunta al equipo de orientación cómo se realiza la evaluación en tu centro.
- Si eres familia, consulta cómo puedes colaborar en el proceso.
- Si eres tutor/a, registra observaciones reales (positivas y neutras).
- Comparte tus dudas con apertura: ni todo se ve en un test, ni todo es intuición.

Capítulo 7.

Leer, comprender y usar los informes

Nos han dado el informe, pero no entendemos casi nada.
¿Qué hacemos con esto ahora?
¿Quién tiene que leerlo? ¿Se guarda o se comparte?
¿Es obligatorio seguir lo que dice?
¿Y si no estamos de acuerdo con las recomendaciones?

1. El informe no es el final: es el comienzo de una nueva mirada

Una vez se realiza la evaluación psicopedagógica, llega el informe. Y con él, muchas veces, las dudas.

Ese informe no debería ser un documento para archivar, ni un texto técnico incomprensible. Debería ser una **herramienta viva,** clara, compartida y útil para mejorar la experiencia educativa del alumno.

Un buen informe no solo describe. Orienta.

2. ¿Qué debe incluir un informe útil?

Aunque cada comunidad autónoma o centro puede tener su propio formato, hay **elementos mínimos** que no deberían faltar:

Elementos del informe	¿Qué debe contener?
Datos generales	Nombre, edad, curso, motivo de la evaluación
Recogida de información	Fuentes utilizadas (test, entrevistas, observación, familia...)
Perfil cognitivo	Resultados de pruebas, pero explicados con claridad
Aspectos emocionales y sociales	Observaciones clave, estilo de relación, necesidades afectivas
Estilo de aprendizaje	Cómo aprende mejor, qué le ayuda o bloquea
Diagnóstico o conclusión	Tipo de alta capacidad, si aplica, y/o perfil detectado
Orientaciones educativas	Qué hacer desde el aula y desde casa (concreciones prácticas)

Tabla 6. Elementos mínimos de un informe útil

3. ¿Qué hago con el informe si soy familia?

Todo informe debe tener una "devolución" por parte del profesional que lo ha realizado. Aun así, léelo con calma. Si hay palabras que no entiendes o te suenan demasiado técnicas, o si hay algo que no te ha quedado claro, pide otra reunión con el orientador o la persona que haya elaborado el informe. Tienes derecho a hacerlo, y es importante que puedas comprender bien lo que se dice.

Este informe no es solo un papel más que se guarda en un cajón. Es una herramienta que puede ayudarte a entender mejor a tu hijo o hija, a saber cómo acompañarle y qué necesita para crecer feliz y aprender con sentido. Tras una buena evaluación vas a tener un perfil muy completo que te ayudará a darle el mejor acompañamiento posible.

Si al leerlo sientes que no refleja del todo a tu hijo o hija, dilo. El informe no es una verdad absoluta: debe servir para dialogar, no para etiquetar. Es normal que quieras matizar o aportar cosas que ayuden a completarlo.

Si el informe no ha sido emitido desde el centro educativo, compártelo con ellos. Así podrán tenerlo en cuenta y colaborar contigo en lo que realmente importa: el bienestar y el desarrollo de tu hijo.

Y muy importante: al explicárselo a tu hijo, acompáñalo con palabras que le den tranquilidad, sentido y confianza. Puedes decirle, por ejemplo: *Este informe nos ayuda a entenderte mejor, a entender cómo piensas y sientes y buscar entre todos la mejor forma de ayudarte.*

4. ¿Qué hago con el informe si soy docente?

Si te han dado acceso a él, léelo más allá de los datos. ¿Qué nos dice sobre cómo aprende y qué necesita? Utilízalo para ajustar propuestas, no para justificar etiquetas. Observa si lo que dice el informe **se corresponde con lo que ves.** Tanto si ves el informe como si no, pide ayuda a orientación para conocer bien el perfil y ajustar tu propuesta educativa.

Trabaja en equipo: comparte con orientación y con otros docentes.

Recuerda: **no todo está en el papel.** A veces el informe pone palabras a lo que ya intuyes.

En este punto, queremos añadir que nos parece imprescindible que aparezca la figura del especialista en atención a la diversidad y en altas capacidades en los centros educativos. Este profesional podría ayudar con las pautas, seguimiento de programas dentro y fuera de clase, en coordinación con orientación.

5. ¿Qué hacer si no hay acuerdo o si faltan cosas?

Es legítimo sentir que un informe se queda corto, o que no refleja lo que el alumno necesita. En esos casos:

- Habla con el equipo de orientación o el profesional que lo realizó.
- Pide una revisión o segunda opinión si lo crees necesario.
- Observa durante un tiempo y recoge evidencias.

Y si no hay informe aún, pero ves señales claras de alta capacidad, **no te paralices.** Recuerda que ya hemos hablado de algunas de las razones por las que un resultado puede, a veces, no ajustarse al verdadero potencial de tu alumnado. **Empieza a ajustar igualmente.**

> *El informe nos lo dieron un jueves. Lo leímos tres veces sin entender casi nada. Hasta que una profesora nos dijo: "No os centréis en el número. Centraos en lo que el niño necesita". —Ahí cambió todo. Dejó de ser un "diagnóstico" y pasó a ser una forma de mirar a nuestro hijo con otros ojos.*
>
> *—Ignacio, padre de Leo (7 años)*

Claves

Conceptos Principales

- Un informe solo es útil si se lee con mirada crítica y se transforma en acciones educativas.
- Comprender el contenido exige tiempo, reflexión y colaboración con otros profesionales.
- Los informes deben traducirse en decisiones concretas, no quedarse en el archivo.

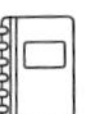

Recursos Útiles

A. Guía breve para leer un informe paso a paso (docente y familia)
B. Tabla de orientaciones habituales según perfil de alta capacidad.

QR con recursos para descargar en página 254.

Por dónde empezar

- Lee un informe desde la pregunta: "¿Qué puedo hacer yo a partir de esto?".
- Habla con el alumno desde la calma: "Esto es para conocerte mejor, no para exigirte más".
- Si eres familia, reflexiona: ¿qué parte del informe te suena? ¿Qué parte te incomoda?
- Si eres docente, usa el informe como guía para ajustar, al menos, una propuesta de aula.

BLOQUE 3.
Cómo acompañar en el aula

Capítulo 8.
Lo importante no es identificar, es responder

Ya sabemos que tiene alta capacidad... ¿y ahora qué?
¿Qué tipo de respuesta debe recibir?
¿Hay algo que sea obligatorio?
¿Tiene que salir del aula o ir más rápido?
¿Y si no se hace nada, qué pasa?

1. La respuesta educativa es el verdadero objetivo

La evaluación, por sí sola, no cambia nada. Solo tiene sentido si se traduce en decisiones educativas concretas. Identificar a un alumno con alta capacidad y no hacer nada al respecto es como diagnosticar una enfermedad y no ofrecer tratamiento. No basta con ponerle nombre al potencial. Hay que acompañarlo, activarlo y cuidarlo.

Cuando se reconoce que un alumno tiene alta capacidad, no se trata de buscar una receta mágica ni de aplicar un protocolo rígido ni homogéneo. Lo que realmente importa es **ajustar el**

entorno: el ritmo, los retos, las formas de aprender, la manera en la que ese alumno se siente parte del grupo. Se trata de mirar lo que necesita para crecer de forma equilibrada. A lo largo de los siguientes capítulos iremos desgranando estas ideas.

Y no, **no significa dar más trabajo.** Significa ofrecer **otras oportunidades:** proyectos que le reten, preguntas que le hagan pensar, espacios para crear, caminos más flexibles que se adapten a su forma de entender el mundo. Porque aprender más no es lo mismo que aprender mejor.

Tampoco se trata de hacer cosas "solo para ellos", como si fueran un grupo aparte. Se trata de hacer cosas "*con*" ellos. De contar con su voz, de implicarles en su propio aprendizaje, de hacerles sentir que tienen un papel activo en su camino.

2. ¿Qué tipo de medidas se pueden aplicar?

La respuesta educativa puede adoptar muchas formas. Algunas de ellas están reguladas (como la flexibilización[1]), y otras dependen de la iniciativa del centro o del aula. Lo importante es que sean **ajustadas, reales y sostenibles.** En este punto, es importante recordar que la LOMLOE recoge la obligatoriedad de dar atención específica a este alumnado, y que en esta misma norma se establece también la necesidad de adaptarse a los intereses, ritmos y formas diferentes de aprender de todo el alumnado, dentro del marco del Diseño Universal para el Aprendizaje (DUA).

Medidas ordinarias (no requieren informe oficial)

1. Enriquecimiento.
2. Tareas abiertas o multinivel.
3. Elección del producto final.
4. Ampliaciones voluntarias.
5. Proyectos personales.

1 La flexibilización en educación es una medida que permite adaptar el currículo escolar, como adelantar curso o acelerar contenidos, para responder a las necesidades de alumnos con altas capacidades, favoreciendo su desarrollo y evitando la desmotivación.

6. Participación en programas de enriquecimiento interno.
7. Compactación curricular.
8. Uso de materiales diferenciados.

Medidas específicas (requieren informe psicopedagógico)
1. Flexibilización de curso.
2. Adaptaciones curriculares individuales (PIEC[2], Programa de profundización…).
3. Programas de enriquecimiento extracurriculares oficiales.

Lo ideal es combinar distintas medidas, con coherencia y seguimiento. Iremos revisando su uso en los siguientes capítulos.

3. ¿Qué es la flexibilización y cuándo es bueno aplicarla?

La **flexibilización (salto de curso),** también conocida como **aceleración**[3], es una medida educativa que permite a un alumno avanzar de curso de forma total o parcial antes de lo establecido por edad. Es una herramienta legítima, recogida en la normativa educativa, y especialmente adecuada para parte del alumnado con alta capacidad.

Ahora bien, esto no es un premio, ni una solución definitiva. Es, ante todo, una **respuesta educativa cuando lo ordinario ya no basta.** No se trata de adelantar "porque va bien", sino de valorar si ese cambio es realmente lo que el alumno necesita para seguir aprendiendo y creciendo de forma equilibrada y feliz. Y esto se tiene en cuenta desde el conocimiento del perfil del alumnado con altas capacidades, cuyo ritmo de aprendizaje puede ser muy superior al del resto del aula.

---

2 Programa Individualizado de Enriquecimiento Curricular de la Comunidad de Madrid.

3 El profesor Javier Tourón nos explica en su blog que en realidad existen 18 tipos de aceleración, aunque en España solo conocemos dos o tres, siendo el más conocido el salto de curso completo. https://www.javiertouron.es/la-aceleracion-como-estrategia/

Para que funcione, la flexibilización debe estar:

- **Bien valorada** → con una evaluación psicopedagógica completa que analice su perfil cognitivo, emocional y social.
- **Bien planificada** → considerando su madurez, motivación, entorno familiar y trayectoria escolar.
- **Bien acompañada** → con compactación previa, adaptación de acogida en el nuevo curso y seguimiento cercano, especialmente en lo emocional.

Puede aplicarse a todo el curso o solo a algunas asignaturas, en función de la normativa de cada comunidad autónoma y, donde se permitan ambas, estudiado el caso de forma personal, escalonadamente o de forma directa saltándose un curso. Aunque no siempre es la mejor opción para todos los estudiantes con altas capacidades, sí debe contemplarse como una posibilidad real cuando el ritmo del grupo ya no permite al alumno avanzar desde su nivel de competencia a pesar de las demás medidas.

La flexibilización no debe considerarse una medida extraordinaria, sino una herramienta educativa más dentro de la respuesta al alumnado con alta capacidad. No existe evidencia de que aplicarla cause perjuicios emocionales, sociales o académicos cuando se realiza de forma adecuada; en cambio, sí se reconocen numerosos beneficios.

Para valorar si es la medida más adecuada en cada caso, es fundamental conocer bien el perfil completo del alumno: su madurez emocional, su desarrollo social, sus intereses, su motivación y sus necesidades específicas de aprendizaje.

¿Y si no se han aplicado otras medidas antes?

Es recomendable que antes se hayan aplicado propuestas de compactación y enriquecimiento, pero lo esencial es demostrar que el alumno **tiene adquiridos los contenidos y competencias** del curso actual y que está preparado para afrontar el cambio con solvencia.

A veces, precisamente porque no se han aplicado otras medidas, el alumno se ha desconectado. No lo confundamos con desinterés o falta de esfuerzo: **la desmotivación puede ser síntoma de alta capacidad no atendida.** No esperemos implicación si nunca se le ha ofrecido reto ni un entorno donde encajar. Primero, demos respuesta.

¿Por qué cuesta tanto flexibilizar?

Porque aún persisten muchas resistencias: miedo, desconocimiento, o una cultura escolar centrada en la rigidez. Algunas escuelas creen que flexibilizar es "exigir demasiado" o "etiquetar", cuando en realidad es una forma de ajustar el entorno a quien lo necesita.

Lo que debemos tener claro es esto: **la flexibilización no exime de seguir personalizando, profundizando o enriqueciendo.** Cuando un alumno pasa de curso, su necesidad de reto y adecuación no desaparece: cambia de contexto, pero sigue necesitando acompañamiento. Por eso, es clave que en su nuevo grupo sigamos observando, escuchando y ajustando el aprendizaje a su perfil.

La flexibilización no es el destino. Es solo un **tramo más del camino** para que el aprendizaje sea auténtico, esté vivo y respete el ritmo y potencial de cada estudiante.

4. ¿Y si no se responde tras la identificación?

Identificar a un alumno con alta capacidad y no hacer nada es como ver que una planta empieza a brotar y no regarla. El potencial está ahí, pero si no se cuida, si no se alimenta con retos, con curiosidad y con acompañamiento, acaba marchitándose. Familias y docentes en el aula lo vemos a diario.

Cuando no hay una respuesta educativa real tras la identificación, ese alumno puede **desconectarse del aprendizaje, del grupo y de sí mismo.** Sin retos adecuados, muchos acaban perdiendo el interés por aprender. Otros empiezan a mostrar conductas que no esperábamos: frustración, desmotivación, desafíos constantes o, al contrario, un silencio que duele. Algunos incluso sienten que deben fingir para encajar, que no pueden mostrar cómo piensan o sienten realmente.

Y eso no es inocuo. Se va construyendo una **autoimagen distorsionada:** *"A lo mejor no soy tan listo como decían"*, *"Si soy tan capaz, ¿por qué me siento así?"*, *"Algo debe ir mal en mí"*. Y poco a poco, lo que podría haberse desplegado, se apaga.

Por eso, es importante dejarlo claro: **responder a la alta capacidad no es un premio ni un regalo.** Es una **necesidad educativa.** Como cualquier otra necesidad que vemos en el aula, merece una respuesta ajustada, respetuosa y continua. Porque no intervenir también tiene consecuencias.

5. ¿Quién se encarga de qué?

La atención a este alumnado es responsabilidad de toda la comunidad educativa, pero cada figura tiene un papel:

Agente	Rol principal
Tutor/a	Observación, comunicación con familia, coordinación de medidas
Orientador/a	Evaluación, asesoramiento, seguimiento de medidas
Especialista de altas capacidades	Asesoramiento específico en medidas concretas y programas dentro y fuera del aula. Seguimiento
Docentes del aula	Ajuste real de propuestas, clima y acompañamiento
Familia	Escucha, acompañamiento emocional, comunicación con el centro
Alumno/a	Participación activa, expresión de intereses y necesidades

Tabla 7. Roles

Cuando supimos que tenía alta capacidad, me agobié un poco. ¿Qué tenía que hacer? ¿Y si no sabía cómo responder? Luego entendí que no se trataba de saberlo todo. Se trataba de empezar a escuchar más, a permitir más, a acompañar mejor. Y ahí empecé.

—Mari Carmen, Tutora de 3.º Primaria

Claves

Conceptos Principales

- La evaluación en el entorno escolar no es el fin en sí misma: tiene sentido si va seguida de una respuesta educativa concreta, ajustada y continuada.
- Existen diversas medidas educativas para poder atender adecuadamente al alumnado de alta capacidad.
- Si no se da respuesta tras la identificación, el riesgo no es solo el aburrimiento: es la desconexión, frustración, fracaso escolar y una baja autoestima son frecuentes.

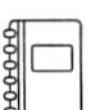

Recursos Útiles

A. https://altas-capacidades.es/medidas-ordinarias-de-atencion-en-el-aula/
B. Plantilla para elaborar una respuesta ajustada a sus necesidades.

QR con recursos para descargar en página 254.

Por dónde empezar

- **Ajusta** una tarea para que permita más profundidad o más opciones.
- **Pregunta** al alumno: "¿Qué te gustaría hacer con lo que ya sabes?".
- **Habla** con la familia sobre cómo se siente el alumno en el aula.
- **Crea** un espacio, por pequeño que sea, donde pueda investigar por interés.

Capítulo 9.

Del aula tradicional a la personalizada y multinivel

Llevo tiempo oyendo hablar de personalización, multinivel, enriquecimiento... Y quiero hacerlo. Pero ¿cómo empiezo sin volverme loca? ¿Hay una forma sencilla de comenzar sin tener que desmontar toda mi programación?

— Mónica A., profesora de Secundaria

Este capítulo es para ti si te preguntas por dónde empezar, cómo dar los primeros pasos o si esto es viable sin tener un aula perfecta. Aquí no encontrarás una receta única, pero sí una hoja de ruta clara, realista y sin agobios. Porque empezar también es personalizar: hacerlo desde tu contexto, tu ritmo y tus posibilidades. Sin perfeccionismos ni miedo a equivocarte.

1. Así empieza la personalización

No se trata de diseñar una actividad diferente para cada alumno ni de complicarte la vida. Se trata, sobre todo, de **dejar de planificar con un grupo "tipo" en mente** y empezar a mirar con intención a quién tienes delante.

Implica:

- Observar cómo aprende tu alumnado.
- Ofrecer distintas formas de trabajar y demostrar lo aprendido.

- Acompañar procesos, no solo resultados.

Todo eso se puede hacer paso a paso. Y todo empieza con una pregunta sencilla: ¿Qué necesita mi alumnado para aprender mejor?

¿Ves la diferencia? Ahí empieza todo.

2. Hoja de ruta para comenzar con confianza

En el próximo capítulo entraremos a fondo, pero aquí tienes unos primeros pasos claros para arrancar con buen pie:

Paso 1: Mira con otros ojos

- Dedica unos días a **observar:** no qué hacen, sino **cómo lo hacen.**
- Fíjate en lo que les emociona, lo que les frustra, en cómo se organizan, cómo se explican, con quién trabajan mejor…
- Puedes ayudarte de herramientas sencillas como:
    - Un mapa de intereses.
    - Una tabla de observación rápida.
    - Preguntas informales tipo: "¿Qué te ayuda a entender mejor?, ¿qué te gustaría poder elegir más en clase?".

Paso 2: Empieza por una sola actividad

- Elige una propuesta que ya haces y ofrecerle de forma más flexible:
    - **Distintas formas de acceder al contenido** (vídeos, textos más o menos complejos, debate, experimentos…).
    - **Varias formas de trabajarlo** (individual, en pareja, por roles, por estaciones…).
    - **Opciones para expresarlo** (maqueta, infografía, artículo, presentación, diario…).

Ejemplo: En lugar de pedir una redacción sobre la Edad Media, propón tres opciones:

- Escribir un diario desde el punto de vista de un campesino.
- Crear un cómic explicativo.
- Grabar una entrevista a un personaje de la época.

Paso 3: Crea pequeñas rutinas de aula que sostengan el cambio. Los grandes cambios nacen de pequeñas estructuras repetidas.

Por ejemplo:

- Una rutina de pensamiento al comenzar la semana.
- Un espacio fijo para propuestas de ampliación.
- Un rato de reflexión al finalizar cada unidad.
- Un cartel con "opciones para demostrar lo aprendido" al final de cada tema.

Paso 4: Haz visible el proceso de aprendizaje

- Incluye momentos para que el alumnado piense sobre cómo ha aprendido. Eso también es personalizar.
- Pregúntales:
  - ¿Qué te ha resultado más fácil o difícil?
  - ¿Qué te ha ayudado más?
  - ¿Qué estrategia nueva has probado?

- Usa diarios, notas de voz, dibujos, esquemas… lo que se adapte a tu grupo.

Paso 5: Evalúa lo esencial, no lo accesorio

- No pongas el foco en si el producto es bonito, largo o "perfecto", sino en si demuestra aprendizaje.
- Puedes usar rúbricas sencillas, coevaluación o autoevaluaciones con escalas emocionales.
- Lo importante es que la evaluación **sirva para avanzar,** no solo para calificar.

Miedo	Lo que puedes hacer
No me va a dar tiempo	Empieza con una sola actividad
Y si se descontrola	Usa rutinas simples para mantener el orden
¿Y si no me entienden?	Explica al grupo por qué personalizas

Tabla 8. Errores frecuentes al empezar

A veces, con ajustar una consigna o dar dos opciones, cambia por completo la respuesta del alumnado.

— Irene, orientadora en Infantil y Primaria

Mi hijo con alta capacidad no necesitaba más contenidos. Necesitaba que le miraran como alguien que piensa distinto. Que le dieran un poco de margen para explorar lo que le interesaba. Cuando su profesor lo hizo, por fin quiso quedarse en clase.

— Rocío, madre de Carlos

Claves

Conceptos Principales

- La personalización no implica complicarse, sino dejar de planificar para un "grupo tipo" y empezar a mirar al alumnado real que tienes delante.
- Comenzar es posible con pequeñas decisiones intencionadas, como adaptar una sola actividad, ofrecer opciones simples y crear rutinas sostenibles que generen cambio desde lo cotidiano.
- Personalizar también es ayudar al alumnado a tomar conciencia de su propio proceso de aprendizaje.

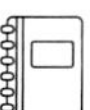

Recursos Útiles

A. Ficha para conocer el perfil del alumnado.
B. No soy un 7 | Sofia Camussi | TEDxRiodelaPlataED.

QR con recursos para descargar en página 254.

Por dónde empezar

- Esta semana, observa cómo aprenden sin corregir.
- Transforma una tarea habitual en propuesta multinivel (con dos opciones). Ve anotando cómo te sientes, cómo lo gestionas y qué dificultades vas encontrando. Con el tiempo irás cogiendo seguridad.
- Crea una lista visual de posibles productos finales (mural, vídeo, historia...).
- Prueba una rutina de pensamiento simple al final de una sesión.
- Pregunta al alumnado: "¿Qué tipo de tareas te hacen aprender mejor?".

Capítulo 10.

Personalizar en el aula diversa: opcionalidad y reto

¿Es lo mismo personalizar que individualizar?
¿Tengo que hacer una programación distinta para cada uno?
¿Cómo puedo atender al alumnado con alta capacidad y al mismo tiempo a quien va más lento?
¿Qué pasa si dejo que cada uno haga algo distinto?
¿Personalizar es compatible con el currículo y los estándares?

Este capítulo es el puente entre la intención de personalizar (Capítulo 9) y la comprensión profunda de qué significa hacerlo en un aula real, diversa y viva. Aquí abordamos el corazón de la personalización en el contexto inclusivo: su sentido, sus principios, sus diferencias respecto a otros enfoques y, sobre todo, su potencial para transformar la forma en que enseñamos y acompañamos.

1. Qué es personalizar (y qué no)

Ya has visto que personalizar no es hacer veinte fichas distintas. Tampoco es dejar que cada uno haga lo que quiera, ni permitir que trabajen solos todo el tiempo. En ningún caso es perder el control del aula.

Personalizar es diseñar experiencias que permitan a cada cual mejorar desde donde está, a su ritmo, con sus intereses y de la forma más significativa posible. Es quitar barreras y ajustar el entorno para que cada uno pueda crecer sin que nadie quede fuera.

No se trata de que cada alumno tenga un camino solitario, sino de que todos tengan una ruta que respete quiénes son y cómo aprenden.

Personalizar no es complicar. Es afinar. Es observar, escuchar, abrir opciones y acompañar mejor. No se trata de añadir tareas, sino de ofrecer caminos distintos para aprender.

Y esto no solo beneficia al alumnado con alta capacidad, sino a todos los perfiles del aula: cada estudiante, con sus fortalezas y necesidades, se ve reconocido y acompañado.

2. Personalizar no es individualizar

A veces se confunden, pero hay diferencias clave:

Individualizar	Personalizar
Cada estudiante con un plan distinto	Una propuesta común con caminos flexibles
Carga de trabajo para el docente	Diseño estratégico con opciones abiertas
A veces separa del grupo	Siempre dentro del grupo, sin segregar
Centrado en la dificultad	Centrado en el potencial

Tabla 9. Diferencias entre individualizar y personalizar

3. Personalizar es atender la diversidad de verdad

Cuando personalizas el proceso de enseñanza y aprendizaje, no lo haces solo por los alumnos con alta capacidad. Lo haces por todo el grupo. Porque cada estudiante, sin excepción, **necesita algo distinto para aprender mejor:** un ritmo diferente, un tipo de reto que le enganche, una forma concreta de expresarse o de organizarse. Personalizar no implica añadir más trabajo, ni preparar una actividad "especial" para unos pocos. Es una forma distinta de entender el aula.

La **personalización no es una adaptación puntual.** Es una manera de mirar la enseñanza desde la diversidad real del alumnado. No se parte de lo que "falta", sino de lo que **cada uno es.** No se trata de ajustar lo mínimo, sino de construir propuestas que partan de la riqueza de perfiles que hay en clase. La diversidad deja de ser un problema que resolver, y pasa a ser **el punto de partida** para enseñar mejor.

Cuando esa forma de ver se consolida, **cambia todo.** Cambia cómo planificamos, cómo nos relacionamos con el grupo, cómo evaluamos y cómo entendemos el éxito. Ya no hablamos de "alumnos con necesidades", sino de **alumnos con perfiles, talentos, ritmos e intereses diferentes.** Y ese cambio de mirada no es solo conceptual. Cambia también lo que ocurre dentro del aula.

Porque cuando dejamos de pensar en lo que falta y empezamos a ver lo que cada uno trae, la práctica educativa se vuelve más humana, más eficaz… y más justa.

> *Antes me daba miedo salirme del guión. Ahora sé que lo importante es que cada niño, cada niña conecte con lo que aprende. Y eso no pasa con todos a la vez ni de la misma manera.*
>
> *— Macarena, Docente de Primaria, en un taller de formación*

4. ¿Cómo se personaliza en el aula inclusiva?

Una forma sencilla y poderosa de personalizar es **ofrecer y permitir opciones.** Esto, para nosotras, es el eje central de este libro. De hecho, uno de los puntos de inflexión en nuestra forma de mirar el aula fue descubrir *El aula diversificada,* de Carol Tomlinson. No solo por sus fundamentos, sino porque muestra de forma clara y realista cómo es posible transformar la práctica docente sin perder el rumbo ni el control. Su mirada inclusiva y respetuosa nos confirmó que sí se puede cambiar el aula… y que vale la pena intentarlo.

Cuando das opciones, ofreces caminos. Cuando ofreces caminos, permites avanzar. Y cuando permites avanzar, el aprendizaje se vuelve auténtico.

Puedes personalizar desde:

- **Los intereses** → permitiendo elegir el tema o el enfoque de un trabajo.
- **La forma de aprender** → distintas estrategias, agrupamientos o apoyos.
- **La forma de mostrar lo aprendido** → distintos productos finales.
- **El ritmo** → compactar, repetir, ampliar o reorganizar.
- **El nivel de profundidad o reto** → caminos con distinta complejidad (multinivel).

5. Estrategias sencillas y posibles

Aquí tienes propuestas que puedes aplicar desde mañana:

- Tareas con diferentes niveles de profundidad (tipo "tres retos"). Lo veremos en el siguiente capítulo.
- Opciones de producto (vídeo, mural, maqueta, entrevista, presentación…).
- Entradas comunes con desarrollos flexibles.
- Rúbricas compartidas (criterios claros, caminos variados).
- Rincones de aula con distintas funciones (explorar, repasar, crear).
- Mini-contratos de aprendizaje: "Yo me comprometo a…".
- Herramientas digitales para adaptar ritmo y formato.
- Diarios de metacognición: "¿Cómo me ha ido? ¿Qué me ha funcionado?".

Incluso algo tan simple como permitir **que el alumno elija** con qué compañero trabajar o en qué orden abordar sus tareas ya es un pequeño gesto de personalización.

6. Llegar a la diversidad de perfiles

Aunque a lo largo del capítulo se muestra que la personalización es una vía inclusiva, queremos recordar de forma explícita que este enfoque no solo beneficia al alumnado con alta capacidad. También resulta clave para quienes tienen TDAH, dislexia, autismo, dificultades de aprendizaje o perfiles diversos que necesitan acceder al contenido de forma flexible, con apoyos, ritmo ajustado o formas distintas de expresarse. Personalizar no consiste solo en enriquecer: es abrir caminos para que todos puedan **progresar desde donde están.**

> *Viernes, 9:20. Almudena ha propuesto una actividad sobre volcanes. Los alumnos podían elegir entre diseñar una infografía, escribir un relato desde dentro del volcán o hacer un experimento. Carlos, que suele desconectar, se acerca emocionado con su maqueta humeante. "Nunca había hablado tanto en clase", dice ella en la evaluación. "Hoy me he sentido listo", dice él.*
>
> — *Rocío, Maestra de Primaria*

Cuando acompañamos a docentes, vemos que muchos quieren personalizar, pero temen que se descontrole. No se trata de caos: se trata de claridad con opciones. De escuchar más y mandar menos. Y funciona.

7. Anticipar desde la programación: el aula como punto de partida

Una parte esencial de la personalización no se juega en el aula, sino antes, cuando diseñamos nuestra **programación didáctica.** No se trata de prever cada caso particular, pero sí de asumir una realidad: en cualquier aula, de cualquier curso, vamos a tener una enorme diversidad de perfiles. Y cuanto más lo tengamos presente desde el inicio, menos ajustes urgentes o medidas improvisadas necesitaremos después.

Si al programar ya parto de que voy a encontrar altas capacidades, TDAH, dislexia, TEA, dificultades emocionales, contextos vulnerables... entonces ya no diseño para "el grupo estándar", sino para todos. Y eso lo cambia todo.

Significa incluir desde el principio:

- Opciones diferenciadas en tareas, tiempos, agrupamientos o productos finales.
- Rutinas de pensamiento, espacios de autorregulación y propuestas de creación e investigación.
- Momentos de refuerzo inteligente (con microlecciones o trabajo por parejas) sin estigmatizar a nadie.
- Y, sobre todo, una gestión del aula que anticipe la variedad de ritmos, necesidades y estilos.

Esto no elimina la necesidad de hacer ajustes razonables o medidas individualizadas cuando realmente se requieran, pero **reduce la sensación de estar constantemente "parcheando"**. Porque cuando programamos desde la inclusión, la personalización deja de ser un extra... y se convierte en la base.

8. Evaluación previa antes de enseñar: obligatorio para personalizar

Uno de los recursos más sencillos —y potentes— para personalizar sin perderse es detenerse, antes de empezar una unidad, a valorar qué sabe y qué sabe hacer el alumnado. Esto no siempre requiere una prueba formal. A veces basta una pregunta, una tarea de entrada, una rutina de pensamiento o una conversación rápida.

La evaluación previa (o inicial) no es para poner nota. Es para **mirar con claridad desde dónde parte cada alumno.** Y eso lo cambia todo.

Porque si ya sabe algo, no necesita repetirlo. Y si necesita ayuda, podemos dársela antes de que se bloquee. Este pequeño gesto nos permite ajustar la propuesta, evitar frustraciones y ganar tiempo para ir más lejos.

La personalización empieza preguntando: "**¿Qué necesita este alumno para seguir aprendiendo?**". Pero **esa pregunta no puede responderse sin una pista** clara sobre su punto de partida.

¿Qué puedes hacer?	¿Cuánto tiempo lleva?	¿Para qué sirve?
Lanzar una pregunta inicial al grupo	2-3 minutos	Saber qué recuerdan o qué creen saber
Pedir un esquema o dibujo libre sobre el tema	5-10 minutos	Ver qué conexiones hacen desde el inicio
Hacer una rutina tipo "Sé – Quiero saber – Aprendí" (K-W-L)	5 minutos	Ajustar el contenido a sus intereses y conocimientos
Plantear un reto o problema sencillo	10 minutos	Detectar quién necesita apoyo y quién puede ir más allá
Observar mientras trabajan los primeros minutos	Sin cambiar nada	Identificar ritmos, estrategias y puntos de partida
Proponer una pregunta tipo test o formulario rápido (Kahoot, Google Forms…)	5 minutos	Ver de forma visual el nivel del grupo antes de empezar
Pedir que expliquen el tema a un compañero con sus propias palabras	3-5 minutos	Detectar lagunas o ideas previas erróneas
Pedir un mapa mental o conceptual libre sobre el tema	10 minutos	Visualizar lo que ya saben, cómo organizan sus ideas y dónde hay huecos
Dar una breve tarea de diagnóstico sobre el tema nuevo (tipo pregunta clave o ejercicio central del tema)	5-7 minutos	Comprobar si dominan ya parte del contenido y ajustar la propuesta

Tabla 10. ¿Cómo se puede aplicar la evaluación previa sin complicarse?

9. Opciones, reto y respeto

A lo largo del libro vas a ver que algunas ideas se repiten: **ofrecer opciones, ajustar el nivel de reto, proponer actividades diferenciadas...** No es casualidad. Lo hacemos de forma intencionada porque creemos, con firmeza, que este es el camino para lograr un aprendizaje real, significativo y humano. Repetimos para reforzar. Para que cale. Para que, al cerrar el libro, te lleves algo claro: personalizar no es una moda, es una necesidad. Y respetar la diversidad de personas que conviven en un aula pasa, necesariamente, por abrir caminos distintos para aprender.

> *Durante mucho tiempo intenté que mi hijo encajara en el ritmo de la clase. Me preocupaba que llamara demasiado la atención o que pidiera algo distinto.*
> *Un día, su profesora me dijo: "Vamos viendo cómo adaptar algunas cosas para que cada uno pueda aprender a su manera, también él".*
> *Esa tarde, mi hijo llegó a casa más tranquilo y me dijo: "Hoy me han entendido". Fue la primera vez que lo sentí realmente tranquilo con el colegio.*
>
> *– Susana, madre de Sergio*

Claves

Conceptos Principales

- No se trata de dar lo mismo a todos, sino de dar a cada uno lo que necesita.
- La personalización inclusiva transforma la mirada sobre el aula: deja de centrarse en carencias y pone el foco en el potencial de cada estudiante.
- Anticipar la diversidad desde la programación y utilizar la evaluación inicial permite ajustar mejor sin improvisar ni sobrecargar.

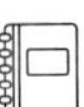

Recursos Útiles

A. Lecturas y vídeos recomendados sobre personalización inclusiva: "Teaching Every Student in the Digital Age" – CAST
B. Video: "Personalizing Learning for All" – Edutopia
C. Tomlinson, C. A. (2008). *El aula diversificada: Dar respuestas a las necesidades de todos los estudiantes* (J. M. Esteve Zarazaga, Trad.). Editorial Octaedro.

QR con recursos para descargar en página 254.

Por dónde empezar

- Cambia una actividad cerrada por otra con tres opciones o más.
- Pregunta a tus alumnos: "¿Qué te ayuda a aprender mejor?".
- Haz una rutina de salida tipo "Hoy me ha funcionado…".
- Reformula una tarea habitual con distintos niveles de reto.
- Observa si cada alumno puede verse a sí mismo en lo que propones.

Capítulo 11.
Diseño de actividad multinivel en el aula personalizada

¿Qué es exactamente el multinivel? ¿No será lo mismo de siempre, pero con otro nombre?
¿Y si lo aplico mal y acaba en caos?
¿Cómo organizo el aula para que no se me descontrole todo?
¿De verdad se puede enseñar lo mismo a todos y que funcione para cada uno?
¿Y si el resto del equipo no trabaja así? ¿Tiene sentido intentarlo igualmente?

Introducción al capítulo

Este capítulo es una guía práctica para aplicar el enfoque multinivel en el aula, una de las estrategias más potentes dentro de la personalización del aprendizaje. Si ya has iniciado el cambio hacia una enseñanza más flexible y adaptada, aquí encontrarás los pasos concretos para organizar esa diversidad sin fragmentar al grupo.

A diferencia de capítulos anteriores, centrados en cómo empezar a personalizar o en qué significa personalizar en un aula inclusiva, este capítulo te acompaña a diseñar tareas escalables y flexibles paso a paso, evitar errores frecuentes y atender realmente a todos los perfiles del aula —incluido el alumnado que necesita más reto. Es un capítulo para pasar de la teoría a la acción, con estructura, claridad y coherencia.

Diseñar tareas multinivel es solo el primer paso: lograr que funcionen en el aula requerirá también cambios organizativos, que abordaremos en el siguiente capítulo.

1. ¿Qué es enseñar en multinivel?

El enfoque multinivel no es una moda ni una utopía: es una estrategia clave dentro de la enseñanza personalizada para organizar la diversidad real del aula sin fragmentar al grupo. Propone que todos los alumnos trabajen sobre una misma idea, reto o contenido, pero a diferentes niveles de profundidad, autonomía, complejidad o ritmo.

No se trata de preparar veinte actividades distintas. Tampoco de hacer grupos por niveles. Se trata de diseñar propuestas flexibles, abiertas, con caminos posibles que permiten aprender a cada uno desde donde está, sin salir del grupo.

Todos hacen la misma actividad, pero no todos hacen lo mismo ni de la misma forma.

> *Mientras unos alumnos diseñaban una maqueta del ciclo del agua, otros investigaban cómo explicarlo a niños de 6 años. Una alumna pidió grabar un vídeo como experta invitada. No estaban separados. Cada uno estaba en lo suyo, en la misma aula, compartiendo ideas y ayudándose. Me encantó el ambiente.*
>
> *— Antonio, tutor de 6.º de Primaria*

2. Cómo diseñar una propuesta multinivel paso a paso

Trabajar en multinivel no es improvisar. Requiere **intencionalidad y claridad curricular.** Aquí te dejamos una **secuencia posible** para diseñar propuestas flexibles que funcionen.

Paso 1: Parte de una competencia

- Trabaja desde el enfoque competencial de la LOMLOE.
- Piensa en tu objetivo final: ¿qué quiero que sepan o sepan hacer mis alumnos cuando acabe esta actividad o proyecto?

Paso 2: Selecciona un contenido que quieras trabajar

- Elige un concepto, idea o reto **lo bastante abierto** como para permitir distintos enfoques o niveles.

Paso 3: Diseña una tarea base con opciones

- Crea una propuesta que permita:
  - Variar el **producto final** (pueden elegir cómo mostrar lo aprendido).
  - Elegir el **nivel de profundidad** (según su dominio del contenido).
  - Elegir el **tipo de agrupamiento** o formato (individual, pareja, cooperativo, colaborativo).

- Aquí, para empezar, es donde puedes aplicar la **taxonomía de Bloom** como ayuda (la dejamos en *Recursos)*.
- Usa los distintos niveles (recordar, comprender, aplicar, analizar, evaluar, crear) para plantear opciones o escalones de complejidad. Esto ayuda mucho a los docentes que están empezando.

Paso 4: Incluye apoyo visual o pautas claras

- No todos necesitan lo mismo, pero todos necesitan **saber qué se espera de ellos.** Usa rúbricas, plantillas, ejemplos…y muéstraselas antes de iniciar el trabajo, para que sepan con claridad qué se espera de ellos.

Paso 5: Evalúa de forma coherente

- Evalúa el avance de cada uno **en función de su punto de partida y del objetivo común,** no en comparación con otros. La evaluación puede ser compartida, autoevaluada o coevaluada.

Paso	Acción	Pregunta guía
1. Parte de una competencia	Elige una competencia o criterio como objetivo de aprendizaje.	¿Qué quiero que sean capaces de demostrar al final?
2. Selecciona un contenido o reto abierto	Escoge un tema que permita enfoques y niveles diversos.	¿Qué contenido se presta a ser explorado de formas distintas?
3. Diseña tareas con caminos posibles	Ofrece opciones por tipo de producto, nivel de reto o forma de trabajo.	¿Cómo puedo dar varias rutas sin perder el foco?
4. Da apoyos visuales y estructuras claras	Usa plantillas, rúbricas o ejemplos que guíen el trabajo.	¿Está claro qué se espera y cómo avanzar?
5. Evalúa desde el punto de partida	Usa criterios comunes, pero valora el proceso y el progreso individual.	¿Cómo sé si cada estudiante ha aprendido desde donde estaba?

Tabla 11. Resumen visual:
"Diseña tu tarea multinivel en 5 pasos"

Con esta hoja de ruta clara, podemos empezar a diseñar tareas multinivel reales que respeten el punto de partida y el ritmo de cada alumno.

Si quieres ver ejemplos concretos de cómo se evalúa y califica en el aula multinivel, te recomendamos leer los capítulos dedicados a la evaluación formativa y a la calificación.

3. ¿Qué tener en cuenta para que funcione?

1. **Hazlo poco a poco.** Empieza con una tarea y ve ampliando.
2. **Explica al grupo por qué lo haces.** La equidad es clave: "cada uno necesita cosas distintas para aprender".
3. **Ofrece estructura, no caos.** No se trata de que cada uno haga lo que quiera, sino de que todos sepan lo que hacen… y por qué.
4. **Usa plantillas, rutinas y visuales.** El orden y la claridad son aliados del multinivel.

5. Haz **seguimiento emocional y académico.** Acompaña sin agobiar.

A veces, en clase, un alumno te mira y dice: "Esto ya lo hice el año pasado". Ese es el momento perfecto para responder: "Genial, entonces vamos a dedicar tu tiempo a algo que te rete de verdad".

4. Algunos ejemplos de tareas multinivel

Cuando ya tienes práctica en el aula diferenciada, los niveles no serán tres, sino todos los posibles para que cada alumno pueda avanzar a su ritmo y según sus necesidades. Para empezar, proponemos una versión más sencilla para no perderse.

- **Lengua:** Escribe una historia
  - Nivel 1: siguiendo una estructura dada.
  - Nivel 2: creando una historia alternativa con final sorpresa.
  - Nivel 3: narrando desde otro punto de vista y analizando el estilo.

- **Ciencias:** Estudia el ciclo del agua
  - Nivel 1: representar gráficamente.
  - Nivel 2: explicarlo con una maqueta.
  - Nivel 3: diseñar una actividad de divulgación para Primaria.

- **Educación Física:** Secuencia de calentamiento
  - Nivel 1: reproducir una secuencia guiada.
  - Nivel 2: crear una nueva con su equipo.
  - Nivel 3: diseñar una para un grupo con movilidad reducida.

Estos son ejemplos parciales. En *Recursos de la web* se incluirán situaciones de aprendizaje completas, una de Primaria y otra de Secundaria, paso a paso.

X Error común	Cómo evitarlo	Atención específica al alumnado con alta capacidad
Proponer tareas sin conexión entre ellas	Diseña una base común con variantes según nivel de profundidad, formato o autonomía	Asegura opciones que permitan ir más allá desde el mismo punto de partida
No explicar por qué cada uno hace algo distinto	Habla de equidad: "No todos necesitamos lo mismo para aprender."	Normaliza que el reto también es una necesidad educativa, no un privilegio
Medir a todos con el mismo criterio, sin tener en cuenta el punto de partida	Evalúa el progreso individual con criterios compartidos, valorando proceso y esfuerzo	No te conformes con lo mínimo si sabes que puede ir más allá
Ofrecer tareas con el mismo nivel de exigencia	Incluye alternativas que supongan un verdadero reto cognitivo o creativo	Propón actividades abiertas, conectadas con intereses, que les impliquen de verdad
Pensar que quien va rápido ya está "atendido"	Reto no es sinónimo de más cantidad: ofréceles profundidad, complejidad y conexión emocional	Observa si se sienten implicados o si solo hacen tareas rápidas y sin pensar demasiado

Tabla 12. Errores frecuentes al trabajar en multinivel (y cómo evitarlos)

Antes me daba miedo preguntar o hacer algo diferente. Siempre intentaba hacer lo "normal". Pero ahora sé que no hay una única forma de aprender. En mi clase cada uno trabaja a su manera, y eso me da tranquilidad. Puedo ser yo.

–Marian, 2º ESO

Una de las cosas más transformadoras del multinivel es que no parte del diagnóstico, sino de la observación pedagógica. No necesitamos un informe para ver que un alumno necesita

más reto, o que otro necesita más guía. Solo necesitamos una enseñanza que se ajuste, que escuche. Y eso empieza en el aula.
– Sergio, Orientador en un Centro de Secundaria

Cuando empecé a trabajar en multinivel, pensaba que sería un caos. Pero no lo fue. Fue orden con alma. Ahora veo a mis alumnos más activos, más presentes y más respetuosos con las diferencias. No hacen lo mismo. Hacen lo suyo. Y eso es enseñanza y aprendizaje real.
–Gema, Profesora de Matemáticas en Secundaria

Ahora que ya sabes cómo diseñar tareas multinivel para atender la diversidad de tu aula de forma personalizada, en el **próximo capítulo** te acompañaremos a **organizar los tiempos, espacios, materiales y rutinas** que harán posible que este enfoque fluya de verdad en tu día a día.

Claves

Conceptos Principales

- El multinivel no es perder el control, sino organizar a propósito para avanzar con todos, respetando el ritmo y necesidades de cada uno.
- El profesor no impone, sino que guía teniendo en cuenta a cada alumno.
- Enseñar en multinivel no es enseñar menos. Es enseñar mejor.
- El éxito depende tanto del diseño de las tareas como de la organización del aula.

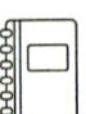

Recursos Útiles

A. Plantilla de diseño multinivel
B. Taxonomía de Bloom

QR con recursos para descargar en página 254.

Por dónde empezar

- Escoge una tarea habitual y reformúlala en diferentes niveles con la ayuda de la taxonomía de Bloom.
- Permite elegir el producto final en una próxima actividad: vídeo, cómic, resumen, debate…
- Habla al grupo y a las familias de equidad: no todos hacen lo mismo, y está bien: "aprender según tu manera y tu ritmo".
- Observa quién necesita más reto, y quién más guía.
- Usa una plantilla o rutina común para estructurar tareas abiertas.

Capítulo 12.
Gestionar el aula personalizada y multinivel

¿Cómo gestiono el aula cuando cada uno hace algo diferente?
¿Y si unos terminan y otros no?
¿Cómo lo hago si tengo clases grandes o niveles con mucha diversidad?
¿Cómo organizo los tiempos, los espacios y los materiales sin perder el control?
¿Puedo sostener esto sin agotarme?

1. No se trata de tener todo bajo control, sino de tener un orden

Tras aprender a diseñar propuestas multinivel, llega el siguiente reto: ¿cómo gestionarlo todo para que funcione en la práctica? Este capítulo te ofrece claves para estructurar tu aula de manera flexible, sostenible y respetuosa con el ritmo y las necesidades de cada alumno.

Gestionar un aula personalizada y multinivel exige **encontrar un equilibrio:** estructura sin rigidez, flexibilidad sin caos. Aplicar propuestas en distintos niveles no significa caer en el desorden, pero tampoco puede funcionar en un aula rígida, vertical y centrada únicamente en lo que enseña el docente.

Lo que realmente se necesita es una **estructura flexible,** con rutinas claras, autonomía progresiva y una organización del espacio y del tiempo que facilite el movimiento, la elección y el acompañamiento. Un aula personalizada no es un aula desorganizada, es un **aula organizada pensando en la diversidad.**

> *Antes en clase íbamos todos igual, como en fila. Ahora cada uno va por su camino, pero todos sabemos dónde tenemos que llegar. ¡Esto es mucho más divertido!*
>
> *— Alumno/a de 5.º de Primaria*

2. ¿Cómo se gestiona un aula así?

Organización del tiempo

- Establece **tiempos visibles y previsibles** (usa temporizadores, agenda en la pizarra...).
- Permite **tiempos flexibles** dentro de la estructura (por ejemplo, una franja de trabajo autónomo).
- Introduce el trabajo por **estaciones, rincones** o **minitalleres**.
- Usa sesiones de planificación breve al principio, y de revisión al final: 5 minutos bien usados cambian la jornada.

Organización del espacio

- Crea **zonas funcionales:** zona de investigación, zona de creación, zona de repaso, zona tranquila...
- Ten **materiales accesibles** y bien etiquetados para fomentar la autonomía.
- Usa **recursos visuales** para recordar instrucciones, normas, procesos o expectativas.

> *Como orientadora, veo una diferencia enorme cuando el espacio habla por sí solo. El aula dice: "aquí puedes, aquí eliges, aquí te acompaño".*
>
> *— Lucía, orientadora de Secundaria*

Organización de los materiales

Una buena gestión de materiales no es cuestión de tener el aula llena de cajas de colores, sino de que **cada alumno sepa qué tiene que hacer, qué necesita para hacerlo y dónde encontrarlo.** La clave está en la **claridad y el acceso autónomo,** no en la estética.

En Primaria:

- Usa **cajas, bandejas** o **carpetas** etiquetadas por tipo de tarea, nivel o propuesta (ej. "Explora", "Reto", "Crea").
- Incluye organizadores semanales visuales que el alumno pueda marcar (tipo checklists o pictogramas).
- Ten un espacio visible donde colocar instrucciones generales o plantillas accesibles.

En Secundaria:

- Organiza el aula virtual o la plataforma que uses (Google Classroom, Moodle, Teams...) con **etiquetas claras, carpetas por tema** o **nivel de reto,** y recursos extra a disposición del que quiera avanzar.
  Si no dispones de medios digitales accesibles, puedes organizar también **carpetas físicas** en el aula, clasificadas por temas o niveles de reto, para que el alumnado pueda consultar materiales y elegir propuestas de trabajo.
- Usa **hojas de ruta** o **planificadores individuales** para proyectos o secuencias largas (pueden ser digitales o en papel).
- Introduce herramientas digitales de seguimiento como Trello, Padlet, Notion educativo o simplemente un documento compartido editable por el grupo.
  Cuando no sea posible usar herramientas digitales, puedes utilizar **paneles físicos** en el aula (como murales de avance, tablones de progreso o sistemas de pegatinas) para seguir el trabajo de los grupos y visualizar el avance.
- Deja siempre una sección de materiales "abiertos" para quien quiera investigar más, repasar o profundizar, sin convertirlo en "deberes extra".

> *Pensaba que esto de la organización por zonas o materiales era solo para Primaria, pero ahora tengo un grupo de 4.º de ESO gestionando su propio tablón de avances en Padlet y carpetas de retos en Drive. Y funciona.*
>
> — *Virginia, profesora de Secundaria*

Lo importante no es qué material usas, sino que el alumno lo entienda, lo tenga a mano y pueda usarlo con autonomía.

3. Rutinas y hábitos: el secreto para que fluya

Las rutinas no son un obstáculo a la creatividad: son el andamiaje que permite que el aula fluya sin necesidad de estar recordándolo todo.

Algunas rutinas útiles:

- **Rutina de entrada:** qué hago al llegar, cómo me organizo, cómo reviso objetivos.
- **Rutina de transición:** ¿Cómo cambiamos de actividad? Señales visuales o auditivas para cambios de actividad.
- **Rutina de recogida y cierre:** ¿Qué hemos hecho? ¿Qué necesito para mañana? ¿Qué he aprendido? Valoración rápida, organización del espacio, síntesis del día.

Las rutinas liberan energía cognitiva. Y esa energía puede usarse para pensar mejor. Cuanto más claras las rutinas, menos explicaciones tendrás que dar… y más espacio mental ganará el grupo.

4. Roles y seguimiento: claves para que fluya (sin que dependa de ti)

Uno de los grandes aliados de un aula adaptada y flexible es la distribución de roles y la implementación de herramientas visuales de seguimiento. No se trata solo de repartir tareas, sino de organizar mejor el grupo, empoderar al alumnado y reducir la carga del docente.

Roles que ayudan con la gestión y organización

Asignar roles no es solo cosa de Primaria. También en Secundaria o Bachillerato puede marcar la diferencia, siempre que los alumnos entiendan su función y se entrenen poco a poco. Algunos roles útiles son:

- **Coordinador/a de equipo:** organiza los tiempos y revisa el plan de trabajo.
- **Portavoz:** comunica con el docente y el grupo.
- **Gestor/a de materiales:** se asegura de que el equipo tenga lo necesario.
- **Moderador/a:** vela por el turno de palabra y la escucha activa.
- **Responsable del tiempo:** avisa de los cambios de fase o cierre.

Es importante rotar los roles y no asignar siempre los de mayor responsabilidad al alumnado que destaca más. Todos tienen derecho a aprender desde distintas posiciones.

¿Y el famoso "minitutor"?

La idea de que un alumno que ha entendido algo pueda ayudar a otro puede ser muy útil, pero con matices. No se trata de convertir a los alumnos con alta capacidad en "miniprofes" permanentes, sino de crear una cultura colaborativa donde **cualquiera** pueda ser referente en un momento dado. Algunas alternativas más equilibradas:

- **"Experto disponible":** cualquier alumno puede ofrecerse voluntariamente a ayudar en un tema que domina (puede cambiar según la actividad).

- **Zona de consulta:** un espacio claro donde se pueden dejar dudas y que el propio grupo (o el docente cuando tenga un hueco) va resolviendo.
- **Dúos de apoyo rotativos:** parejas que trabajan juntas un tramo del proceso y luego se reorganizan.

El objetivo es fomentar la cooperación, no la dependencia.

5. Herramientas de seguimiento: visualizar para avanzar

Además de los roles, necesitas sistemas que permitan al grupo saber por dónde va. Estas herramientas no solo dan claridad al aula, también ayudan a que el alumnado gane autonomía:

- Tableros de progreso (por grupos o individuales): para ver qué fase han completado.
- Rúbricas compartidas y visibles: para saber qué se espera y cómo avanzar.
- Diarios de aprendizaje: pueden ser escritos, orales, dibujados o en vídeo.
- Plantillas de reflexión o autoevaluación: ayudan a tomar conciencia del propio proceso.
- Contratos de trabajo personalizado: especialmente útiles cuando se trabaja por proyectos o en propuestas diferenciadas.

¿Quieres ir un paso más allá?

Elemento a gestionar	Ejemplos prácticos	Recomendaciones
Tiempo	Temporizadores, agendas visibles, fases del día	Combina tiempos fijos y flexibles. Anticipar el ritmo ayuda a todos.
Espacio	Zonas de creación, consulta, concentración	Etiqueta y da función a cada espacio. El aula puede "hablar" por ti.

Elemento a gestionar	Ejemplos prácticos	Recomendaciones
Materiales	Cajas, carpetas, recursos digitales o físicos	Prioriza la accesibilidad. Todo debe estar al alcance del alumno.
Roles	Coordinador, portavoz, gestor de materiales…	Entrena poco a poco y rota. Así todos participan desde diferentes posiciones.
Rutinas / Normas	Entrada, transición, cierre	Pocas, claras y constantes. Dan estabilidad al grupo y alivian tu carga.

Tabla 13. Tabla-resumen de organización para el aula multinivel

Errores comunes y cómo evitarlos

A veces, los problemas vienen de expectativas poco realistas. Aquí van tres errores frecuentes y una propuesta para reconducirlos:

- **Intentar controlar todos los tiempos exactos.** Mejor establecer rangos de tiempo o fases de trabajo. La flexibilidad también se entrena.
- **Esperar que todos trabajen con la misma concentración todo el tiempo.** Introduce pausas, momentos de movimiento o tareas con distinta intensidad.
- **Cambiarlo todo de golpe.** Empieza por una sola cosa: una rutina nueva, un rol, una forma distinta de empezar. Luego ve sumando.

Antes, todo dependía de mí. Ahora, con los roles, tengo 24 ayudantes. Y lo mejor es que ellos se sienten responsables de su aprendizaje.

— Juan, profesor de Física

6. Contratos de trabajo y autonomía guiada

El contrato de compactación que ya trabajamos se puede usar como modelo para propuestas de trabajo más autónomas:

- "Si ya dominas esto, puedes hacer esta propuesta alternativa."
- "Este es tu objetivo. Elige. Tú decides cómo llegar."
- "Tienes X días para completar estas tareas. ¿Cómo te organizas?"

Esto **no es para todos todo el tiempo,** pero puede ser muy útil para alumnos con alta capacidad o con necesidad de reto adicional, sin excluir al grupo. Permite personalizar sin aislar. Sin estrés. Y sin caer en la sobrecarga.

> *El contrato me hizo sentir que confiaban en mí. Que podía decidir, equivocarme y volver a empezar.*
>
> *— David, 14 años*

> *Creía que personalizar era imposible en mi aula. Hasta que cambié las preguntas. Ya no me pregunto: "¿cómo enseño esto?". Ahora me pregunto: "¿cómo puede cada uno aprenderlo?". Y entonces, todo encaja.*
>
> *– Carmen, maestra de Primaria*

Claves

Conceptos Principales

- Una buena organización del aula —en tiempos, espacios, materiales y rutinas— permite que la personalización sea posible, eficaz y sostenible.
- Gestionar el aula multinivel es facilitar la autonomía progresiva de cada alumno.
- Flexibilidad y orden no se oponen: se complementan para hacer posible el aprendizaje personalizado.

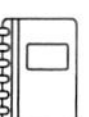

Recursos Útiles

A. Organizador visual aula personalizada.
B. Rúbrica de autonomía y seguimiento.

QR con recursos para descargar en página 254.

Por dónde empezar

- Crea una rutina de inicio o cierre que puedas sostener cada semana.
- Rediseña tu aula incluyendo al menos una zona de trabajo flexible.
- Diseña una hoja visual de tareas para una semana con opciones.
- Introduce un sistema de roles que alivie tu carga y active al grupo.
- Reflexiona: ¿quién necesita más autonomía y aún no la tiene?

Capítulo 13.
¿Qué necesita un alumno con alta capacidad en clase?

¿De verdad necesitan algo diferente en el aula?
¿Tengo que preparar material extra para ellos?
¿Cómo los atiendo sin desatender al resto?
¿Y si no se les nota nada especial?
¿Y si ya están sacando buenas notas?

¿Y si en realidad no les pasa nada, pero es que son muy listos y ya está?
— Orientadora de Primaria en una formación inicial

Si va bien y no da problemas… ¿para qué vamos a tocar nada?
— Profesor de secundaria en reunión de equipo docente

1. Ver más allá del expediente

Ya hemos visto que no todos los alumnos con alta capacidad destacan académicamente, ni tienen un expediente brillante. De hecho, muchos pasan desapercibidos, se aburren, se frustran o incluso bajan su rendimiento cuando sienten que lo que hacen no tiene sentido o no supone ningún reto. Algunos otros ni siquiera han aprendido a estudiar, ni han desarrollado buenas estrategias de organización, planificación o gestión de tiempo. Están en **bajo rendimiento,** pero eso no significa falta de capacidad.

Además, también están los alumnos con doble excepcionalidad, que combinan alta capacidad con otras neurodivergencias como TDAH, autismo o dislexia. Hablaremos de ellos más adelante.

Tener alta capacidad no es sinónimo de tenerlo todo fácil. Es tener un modo de procesar el mundo que necesita **reto, flexibilidad, autonomía, profundidad y acompañamiento emocional.** Si el aula no ofrece eso, puede que no muestren lo que llevan dentro, o incluso lo escondan.

Por eso, no basta con "no ponerles límites": hay que ofrecerles **lo que necesitan para desplegar su potencial con equilibrio.**

2. Necesidades reales y cómo atenderlas

En el Capítulo 1 vimos cómo funciona un cerebro con altas capacidades. A continuación, presentamos algunas de las **necesidades más comunes del alumnado con alta capacidad en el aula,** junto con estrategias viables para atenderlas sin necesidad de diseñar cien materiales distintos. Te presentamos un breve resumen. Las iremos desarrollando en los siguientes capítulos:

Necesidad	Qué puedes hacer
Tener autonomía para decidir y crear	Ofrecer opciones, fomentar la autorregulación, enseñar a planificarse y evaluar su propio proceso
Profundizar y pensar más allá	Usar preguntas abiertas, tareas con diferentes niveles de complejidad, permitir ir más allá
Avanzar a otro ritmo	Permitir compactar contenidos ya dominados y liberar tiempo para enriquecer (guiados por sus intereses)
Conectar con sus intereses	Dar margen para elegir temas, productos o enfoques personales
Equilibrar su perfeccionismo e intensidad emocional	Acompañar con empatía, ofrecer seguridad, enseñar a tolerar el error y celebrar el proceso
Participar de forma activa	Proponer debates, retos, proyectos, investigaciones abiertas

Necesidad	Qué puedes hacer
Relacionarse con iguales en nivel de intereses o razonamiento	Facilitar agrupamientos flexibles, programas de enriquecimiento o espacios de encuentro con pares afines
Ser vistos y comprendidos. Sentir que "pertenecen"	Escucharlos, permitirles mostrarse, validar su forma diferente de pensar y sentir

Tabla 14. Tabla-resumen de las necesidades reales y cómo atenderlas

Lo importante no es dar más. Es dar mejor. Y más ajustado a su perfil. ¿No es esto lo que necesita cada persona en el aula?

No nos cansaremos de repetir que estas estrategias no son solo para el alumnado con alta capacidad: benefician al grupo entero, porque cuando abrimos caminos distintos, todos encuentran una forma más significativa de aprender.

3. Cómo adaptar sin segregar: el enfoque multinivel y diferenciado

Una de las claves para atender al alumnado con alta capacidad sin separarlo del grupo es aplicar una **enseñanza flexible que permita diferentes puntos de partida y de llegada.** Por su importancia, nos oirás repetir estas ideas a lo largo del libro.

Esto supone diseñar tareas que:

- Sean accesibles para todos, pero permitan distintos niveles de profundidad.
- Tengan posibilidades o variantes para elegir.
- Permitan mostrar el aprendizaje de diferentes formas.
- Desafíen al que puede más, sin dejar atrás a quien va más lento.

Y no significa preparar veinte materiales distintos, sino **una misma propuesta con distintos caminos posibles** dentro. No se trata de multiplicar el trabajo del docente, sino de hacerlo más intencional, abierto y flexible.

Durante un proyecto sobre el sistema solar, los alumnos podían elegir entre: crear una maqueta explicativa, redactar un cuento ambientado en otro planeta, o diseñar un juego de mesa con preguntas sobre los planetas.
Julia, que suele aburrirse en clase, eligió crear un juego de cartas en inglés. Fue la primera vez que pidió quedarse en el recreo... porque no quería parar.

–Raúl, Maestro de 6.º de Primaria

4. El papel del docente: referente emocional, no solo académico

El docente no es solo quien enseña, sino quien **acompaña el desarrollo personal y emocional** del alumno. Esto es especialmente importante en el caso de los alumnos con alta capacidad, que muchas veces:

- Se vuelven muy autoexigentes.
- Se frustran con facilidad, especialmente si no se han esforzado desde pequeños.
- Tienen una sensibilidad muy intensa.
- Perciben más de lo que pueden verbalizar.
- Necesitan validación y sentirse parte del grupo.

Por eso, el rol del profesor es también el de **referente emocional:** alguien que los escucha, los observa, los desafía con afecto, los nombra sin etiquetar, y los ayuda a aceptarse sin necesidad de ocultarse ni sobreexigirse.

A veces no vemos que su calma es una forma de protegerse. Están "bien", sí... pero a costa de esconder quiénes son.

— Reflexión compartida en una reunión con orientación

En clase intento no destacar. Me da miedo parecer pesada. A veces me aburro, pero no quiero molestar. Cuando mi profesora me dijo: "te veo, y sé que puedes con más si tú quieres", me sentí bien. Me dio permiso para ser yo.

– Vanesa, 13 años

Claves

Conceptos Principales

- El alumnado con alta capacidad necesita reto, autonomía y apoyo emocional, incluso si no lo parece.
- Adaptar no es dar más, sino ofrecer propuestas flexibles que permitan distintos niveles de profundidad.
- El docente es también un referente emocional: que debe verlos, escucharlos y validar su forma de ser es clave para que se sientan seguros y puedan desplegar su potencial.

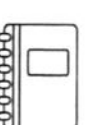

Recursos Útiles

A. Lista de comprobación rápida: "¿Estoy atendiendo sus necesidades reales?".
B. Guía de agrupamientos flexibles.

QR con recursos para descargar en página 254.

Por dónde empezar

- Pregunta a un alumno con alta capacidad si hay algo que le gustaría hacer en clase que aún no ha podido.
- Diseña una actividad con una opción de mayor profundidad (y ofrécela como posibilidad, no como premio).
- Observa si lo que propones les permite elegir o pensar desde su perspectiva.
- Haz una tutoría breve con alguno de ellos y escucha cómo vive el aula.

Capítulo 14.

Pensar bien, aprender mejor: cultura del pensamiento

¿Por qué si les explico todo muy claro, luego no saben aplicarlo?
¿Cómo puedo enseñarles a pensar y no solo a repetir?
¿Qué preguntas les hago para que vayan más allá?
¿Cómo llevo la cultura del pensamiento al aula sin que sea algo más a añadir?
¿Esto es solo para los que tienen alta capacidad o vale para todos?

1. Pensar es más que entender

Los alumnos con alta capacidad —y en realidad, todos— necesitan aulas donde pensar forme parte del aprendizaje, no sea algo extra. No basta con que entiendan lo que les enseñamos: necesitan explorarlo, cuestionarlo, conectarlo y ampliarlo. Pero **pensar en profundidad** no surge solo. Se aprende, se entrena y, sobre todo, se enseña. Por eso hablamos de cultura del pensamiento: una forma de convertir el pensamiento riguroso en una rutina diaria, no en algo puntual.

No me acuerdo de todo lo que estudié. Pero sí me acuerdo de cuando mi profe nos preguntó: "¿Y tú qué habrías hecho en su lugar?"... Me hizo pensar como nunca.

— Leire, 13 años

2. ¿Qué es la cultura de pensamiento?

Es un marco de trabajo que propone que el pensamiento no se quede en la cabeza del alumno, sino que se haga visible, compartido, reflexionado y valorado.

Implica crear un aula donde:

1. Se pregunta más que se responde.
2. Se valora cómo se piensa, no solo si se acierta.
3. Se visibilizan las ideas.
4. Se conectan los contenidos con la vida.
5. Se genera lenguaje para pensar.
6. Se usan **rutinas de pensamiento** como parte del día a día.

La cultura del pensamiento no se impone, se contagia cuando forma parte de lo que hacemos cada día, y empieza cuando dejamos de buscar todas las respuestas y aprendemos a hacer preguntas diferentes.

3. ¿Cómo empiezo? Estrategias sencillas

No necesitas cambiarlo todo. Solo empezar a:

- Hacer **preguntas abiertas** y dejar tiempo para pensar.
- Usar **rutinas de pensamiento** (simples, claras y transferibles).
- Valorar la reflexión, no solo la respuesta correcta.
- Dar tiempo para que hablen entre ellos antes de contestar.
- Hacer visible el pensamiento con dibujos, esquemas, murales, diarios.
- **Nombrar los procesos mentales:** "¿cómo has llegado a esa idea?", "¿qué te hizo cambiar de opinión?".

En clase, la profesora hace esta pregunta: "¿Qué crees que pasaría si los océanos se evaporaran mañana?".
Silencio. Y luego, estallan las ideas:

> *— ¡No habría lluvia!*
> *— ¡Los barcos quedarían en el suelo!*
> *— ¿Y los animales marinos?*
> *— Sería el fin del mundo.*
> *En vez de corregir, la profesora dice: "Anotad todo y organizad vuestras ideas en un mapa de consecuencias".*
> *Lo que comenzó como una pregunta distinta, acabó en un debate apasionante sobre el ciclo del agua, los ecosistemas y la importancia del mar.*
>
> *– Beatriz, Profesora de Ciencias 1.º de ESO*

4. Las preguntas poderosas: pensar desde las destrezas

Es aquí donde el pensamiento se activa de verdad. Las preguntas poderosas no nacen solo de seguir la taxonomía de Bloom (aunque puede servir de apoyo), sino de trabajar a fondo las destrezas de pensamiento: comparar, clasificar, secuenciar, valorar, argumentar, deducir... cuanto más las entrenas, más profundas y transferibles se vuelven tus preguntas, y más impacto tiene lo que se aprende. Y cuanto más preguntas como docente, más claro escuchas cómo piensa tu alumnado.

Ejemplos:

- ¿Qué tienen en común esta obra y esta noticia? (Comparar)
- ¿Qué pasaría si cambiamos esta variable? (Inferir)
- ¿Cómo organizarías esta información para explicársela a alguien que no sabe nada? (Secuenciar + Argumentar)
- ¿Qué harías tú si fueras…? (Empatizar + Valorar)
- ¿Cuál crees que es la causa principal? ¿Por qué? (Analizar + Justificar)

Cuando un alumno aprende a pensar, gana autonomía. Y cuando un docente aprende a preguntar distinto, cambia la forma de

> *enseñar. La cultura del pensamiento no se trata de sumar tareas, sino de transformar la forma en que pensamos y enseñamos.*
>
> *– Alexandra, Orientadora de un Centro de Primaria*

5. ¿Y si empiezas con una rutina?

Las **rutinas de pensamiento** son estructuras breves y pautadas que ayudan a activar y guiar el pensamiento. Son muy útiles para empezar sin agobiarte y se adaptan a cualquier edad o materia.

Algunas que puedes usar ya:

- Antes pensaba / ahora pienso.
- Veo / pienso / me pregunto.
- Titula esta idea.
- ¿Qué te sorprende / qué te intriga / qué quieres saber más?

Usarlas con frecuencia convierte al aula en un espacio de **exploración, diálogo y reflexión continua.**

> *Antes pensaba que la clase era para responder. Ahora me gusta que me pregunten cosas que no tienen una sola respuesta. Me siento como si mi opinión también contara, aunque no sea la del libro.*
>
> *– Rosa María, 12 años*

Claves

Conceptos Principales

- Pensar bien se enseña y se aprende: no consiste en dar respuestas, sino en guiar el proceso.
- Las buenas preguntas activan destrezas profundas y hacen visible el pensamiento.
- Pequeñas rutinas convierten el pensamiento en hábito y transforman el aula sin añadir carga.

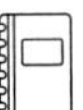

Recursos Útiles

A. Blog de Tolo Berrocal. https://bloomania.es/

B. Proyecto ZERO de Harvard. https://pz.harvard.edu/thinking-routines

QR con recursos para descargar en página 254.

Por dónde empezar

- Prueba una rutina sencilla con tu próximo contenido (por ejemplo: "Veo – pienso – me pregunto").
- Escribe una pregunta poderosa para lanzar una unidad.
- Pide al alumnado que explique "cómo ha llegado a esa idea".
- Usa una tabla o mural para registrar los pensamientos del grupo.
- Reflexiona tú también: ¿qué tipo de preguntas hago en clase?

Capítulo 15.

El ABP bien hecho: Aprendizaje Basado en Proyectos

¿Qué diferencia hay entre hacer un proyecto y hacer ABP?
¿Cómo consigo que no se convierta en una actividad larga pero superficial?
¿Y si el alumnado se dispersa o no quiere trabajar en grupo?
¿Se puede hacer ABP y trabajar bien los contenidos curriculares?
¿Y si no tengo mucho tiempo, cómo lo hago viable?

1. El ABP: aprender haciendo con un objetivo real

El Aprendizaje Basado en Proyectos (ABP) no es pedir a tu alumnado que haga un mural bonito ni preparar una presentación en PowerPoint con lo que han buscado en internet. No va de eso. Va de **aprender con un propósito y con valor.**

El ABP es una manera de enseñar y aprender que parte de una pregunta potente, conectada con la vida real. Una situación que les despierta curiosidad y que tiene que ver con su entorno, con lo que viven o con lo que les preocupa. A partir de ahí, **investigan, piensan, conectan ideas, buscan soluciones, crean algo propio.** Y todo ese proceso les lleva a aprender de verdad, no solo a repetir lo que han leído.

Cuando el aprendizaje tiene un propósito claro y nace de una inquietud auténtica, algo cambia. Dejan de preguntar "¿para qué sirve esto?" porque ya lo están viendo. Porque tiene que ver con ellos. Porque les implica.

Un proyecto bien hecho no solo enseña contenidos:

- Desarrolla competencias.
- Activa pensamiento crítico.
- Permite personalizar.
- Y da espacio para que **el talento emerja.**

Si el proyecto no provoca reflexión, conexión y reto... es solo una actividad larga con nombre bonito.

> *En una clase de 2.º de ESO, la profesora lanza una pregunta al grupo:*
> *–¿Qué pasaría si mañana cerraran todos los supermercados de nuestra ciudad?*
> *Al principio, hay risas. Comentarios sueltos. Pero enseguida empiezan a surgir ideas:*
> *—"Tendríamos que cultivar nuestros propios alimentos."*
> *—"Buscaríamos mercados o productores locales."*
> *—"Quizá aprenderíamos a cocinar de otra manera."*
> *La conversación se vuelve cada vez más interesante. De ahí nace un proyecto: investigar cómo sería la vida sin supermercados, qué alternativas existen, qué impacto tendría en el medio ambiente, en la economía, en la salud. Los alumnos entrevistan a sus abuelos, visitan una cooperativa agrícola, diseñan recetas con productos de temporada y calculan el coste de una compra sostenible. Aprenden matemáticas, ciencias, lengua, historia, tecnología... y también a trabajar en equipo, a tomar decisiones y a presentar propuestas auténticas. Pero, sobre todo, aprenden para algo.*

2. ¿Qué elementos no pueden faltar?

Para que sea un proyecto **de verdad,** y no solo una actividad larga, necesitamos estos ingredientes clave:

Elemento	¿Por qué es importante?
Pregunta guía potente	Da significado al proyecto, activa la curiosidad y orienta la búsqueda.
Producto final compartido	Visibiliza el aprendizaje, genera propósito y conecta con otros.
Tareas intermedias	Organizan el proceso y permiten avanzar por fases.
Reto real o simulado	Implica resolver, tomar decisiones, pensar con propósito.
Evaluación auténtica	Se evalúa lo que hacen, cómo lo hacen y cómo lo viven. (Mejor si es por un experto en el campo. Renzulli)
Tiempo y estructura	No se improvisa: se planifica, se acompaña, se cierra reflexionando. (Herramientas de gestión y organización)

Tabla 15. Elementos a tener en cuenta en un proyecto.

Un buen ABP no requiere grandes recursos. Requiere ***claridad intencional:*** *¿para qué, para quién, cómo, y con qué herramientas? Si no hay pregunta poderosa ni reflexión real… no hay proyecto.*

– Macarena, Pedagoga del Servicio de Orientación

3. ¿Cómo organizarlo paso a paso?

Paso 1: Define tu gran pregunta o reto

- Ej.: ¿Cómo podemos mejorar la vida de las personas mayores en nuestro barrio? Debe ser abierta, significativa, con posibilidad de múltiples respuestas.

Paso 2: Conecta con el currículo

- Busca qué competencias y saberes clave puedes trabajar a través del proyecto.

Paso 3: Diseña tareas intermedias

- Secuencia actividades que ayuden a investigar, pensar, diseñar, crear, evaluar, presentar, compartir…

Paso 4: Permite caminos y productos diferentes

- Aquí entra el **multinivel y la personalización:** no todos tienen que hacer lo mismo, pero todos deben **aprender lo mismo con la profundidad que necesiten.**

Paso 5: Acompaña sin dirigir

- Ofrece plantillas, rúbricas, orientación, espacios de seguimiento.
- No lo controles todo, pero no desaparezcas.

Paso 6: Cierre y reflexión

- El aprendizaje no se cierra solo con el producto.
- La metacognición y la reflexión dan sentido a lo vivido, a todo el proceso.

> *En un aula de 4.º de Primaria, el grupo trabaja el proyecto "¿Cómo podemos cuidar mejor nuestro entorno?".*
> *Un equipo propone diseñar carteles y una campaña digital; otro prefiere grabar vídeos de concienciación; y un tercero diseña un juego de mesa.*
> *Todos trabajan el mismo contenido de Ciencias, pero cada uno a su manera.*
> *Al final, exponen sus productos a las familias… y uno de los niños dice:*
> *"Antes pensaba que los proyectos eran hacer murales. Ahora sé que es cambiar cosas."*
>
> *– Quique, 4.º de Primaria*

4. ¿Qué papel tiene el alumnado con alta capacidad?

Un buen proyecto es una oportunidad ideal para que estos chicos y chicas (¡y el resto!):

- Exploren sus **intereses.**
- Se impliquen en algo con significado y que les importa.
- Usen su **creatividad** sin límites artificiales.
- Aprendan a **colaborar** (¡a veces cuesta!).
- Aprendan a autorregularse (tiempo, emociones, frustración).
- Se sientan protagonistas de algo real.

Pero cuidado: no todos quieren liderar. Algunos prefieren observar, conectar, profundizar. No asumas. Pregunta, ofrece y acompaña.

> *Yo no quería hablar en público. Pensé que no haría nada importante en el proyecto. Pero terminé haciendo un podcast que escuchó todo el cole.*
>
> — *Leo, 12 años*

> *Lo mejor fue que nadie me dijo cómo tenía que hacerlo. Me dejaron elegir y pensar. Me equivoqué y volví a empezar. Y cuando enseñamos nuestro proyecto, me sentí capaz de cambiar algo.*
>
> – *Ana, 1.º de ESO*

Claves

Conceptos Principales

- Un proyecto auténtico no sólo enseña contenidos: ayuda a los alumnos a descubrir lo que son capaces de pensar, crear y aportar.
- Un proyecto bien estructurado requiere intención, fases claras y evaluación significativa.
- El ABP permite personalizar, despertar el talento y dar protagonismo real al alumnado.

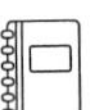

Recursos Útiles

A. Plantilla de diseño rápido de proyectos (pregunta guía, tareas, producto final, evaluación).
B. https://www.juanjovergara.com/

QR con recursos para descargar en página 254.

Por dónde empezar

- Reformula un tema de tu programación como una pregunta potente.
- Piensa un producto que dé coherencia a ese aprendizaje.
- Diseña una primera secuencia corta de tareas abiertas.
- Prueba una rúbrica compartida con tu alumnado.
- Deja un espacio para la metacognición al final del proceso.

Capítulo 16.
Enriquecimiento con sentido y propósito

¿Qué hago con el alumno que ya lo sabe todo?
¿Y si lo que le propongo no le interesa nada?
¿No es injusto que haga cosas distintas?
¿Y si se lo toma como un castigo en lugar de un reto?
¿Qué significa realmente enriquecer?

1. Enriquecer no es hacer por hacer

A veces, con la mejor intención del mundo, diseñamos **actividades "especiales"** para el alumnado con alta capacidad. Les damos una ficha distinta, les pedimos que ayuden a otros, o les proponemos algo más difícil... Pero si esas tareas no tienen un sentido pedagógico claro, pueden resultar vacías o incluso frustrantes.

Enriquecer no es dar más contenido, ni entretener. Es ofrecer oportunidades de aprendizaje distintas a las habituales, pensadas para conectar con sus intereses, su potencial y sus formas de pensar. Es abrir caminos que no estaban en el programa, pero que sí necesitan recorrer.

2. ¿Qué es el enriquecimiento educativo?

El enriquecimiento es una medida educativa que busca **incrementar, profundizar o diversificar** las oportunidades de aprendizaje de un alumno. No se trata de adelantar contenidos (a veces sí, si es enriquecimiento vertical), ni de poner más deberes, ni, como ya hemos visto, de entretener al que termina pronto.

A veces, enriquecer significa ofrecerles una investigación libre, un reto personal o un taller especial que no encontrarán en su currículo habitual. Puede adoptar forma de proyecto, sí, pero no necesariamente tiene la estructura del ABP.

NO es enriquecer:

- Poner más ejercicios del mismo tipo.
- Mandar tareas "de regalo" al que termina antes.
- Dejar al alumno solo con una actividad sin seguimiento.
- Mandar "proyectos para casa" mientras en clase hace lo mismo que el resto.
- Usar fichas especiales sin un propósito claro.

SÍ es enriquecer:

- Proponer tareas que amplíen la mirada (analizar, crear, aplicar de otra forma).
- Diseñar proyectos donde puedan investigar, explorar o innovar guiados por sus intereses.
- Crear tiempos y espacios donde desarrollar sus intereses personales.
- Reconocer su perfil único y convertirlo en parte del aprendizaje común.
- Retarlos a ir más allá, a hacerse preguntas y a pensar de forma profunda.

El enriquecimiento no se ofrece "por si acaso". Se planifica con intención. Es una herramienta de desarrollo, no una anécdota pedagógica.

Pregunta frecuente de familias y docentes

"¿Cómo se puede hacer enriquecimiento horizontal sin ampliar contenidos?"

Respuesta

Muy buena pregunta. A veces pensamos que enriquecer significa necesariamente avanzar en contenidos, pero no siempre es así. El **enriquecimiento horizontal** consiste en **dar otra mirada a los mismos contenidos,** desde un enfoque más profundo, creativo o aplicado. Se trata de **variar el tipo de tarea, el proceso mental que implica o la forma de expresión,** manteniendo el contenido curricular, pero activando otras habilidades. (Por otro lado, hay varias formas de hacer enriquecimiento, como veremos más adelante).

Por ejemplo:

En una unidad de Ciencias Naturales sobre los animales vertebrados, mientras el grupo completa un esquema con las principales características, un alumno con alta capacidad puede realizar **una comparación visual entre los sistemas de reproducción de tres vertebrados distintos,** elaborando un mural, un vídeo explicativo o incluso un pequeño podcast. No está estudiando más contenido, pero sí está **analizando, conectando y comunicando desde un nivel más profundo.**

Lo importante es el reto, no la cantidad. Un buen enriquecimiento horizontal puede ser tan potente como una ampliación de contenidos, si logra que el alumno **piense más allá y se sienta implicado.**

3. ¿Dónde se puede enriquecer?

Hay dos momentos y lugares principales de enriquecer, compatibles entre sí:

Enriquecimiento dentro del aula

Se integra en la dinámica diaria, sin separar al alumno del grupo e incluye:

- Propuestas multinivel. (Ver Capítulo 11)
- Trabajo con destrezas de pensamiento. Preguntas abiertas o potentes. (Ver Capítulo 14)
- Productos diversos y diferenciados. (Ver Capítulo 10)
- Retos de ampliación.
- Espacios donde elegir cómo trabajar o qué investigar.
- Proyectos personales. (Ver Capítulo 15)

Permite avanzar sin excluir, beneficia a todo el grupo y visibiliza talentos distintos.

Enriquecimiento fuera del aula

A través de talleres específicos: clubes de talento, programas de agrupamiento flexible, talleres, mentorías o actividades extracurriculares.

Se realiza en salidas puntuales del aula.

- Agrupamientos flexibles (entre alumnado de edades y clases diferentes) con intereses comunes.
- Participación en retos externos, ferias, encuentros… Ideal para dar profundidad y avanzar sin límite, trabajar con otros ritmos o compartir intereses comunes.

Lo ideal es combinar ambos: enriquecer dentro del aula de forma habitual y permitir salidas puntuales que refuercen ese proceso.

Lo importante no es el dónde, sino **el para qué.** Un enriquecimiento que no conecta con el alumno, que no tiene seguimiento o que lo sobrecarga, no enriquece nada.

4. El modelo SEM de Renzulli: un modelo que debemos conocer

Joseph Renzulli[1] y Sally Reis[2] desarrollaron el **Modelo de Enriquecimiento para toda la escuela (SEM)** para impulsar el talento desde un enfoque inclusivo y realista. No es un programa solo para alumnos con altas capacidades, sino una estrategia que **puede aplicarse a todo el alumnado,** con propuestas abiertas y adaptables.

NOTA: Por temas de espacio y tiempo, aquí no vamos a hablar en profundidad de este modelo, pero te proponemos investigarlo y estudiarlo para que veas todo su potencial.

Antes de ver los tipos de enriquecimiento que plantea Renzulli, sí conviene detenernos un momento en una medida fundamental, aunque poco conocida, que a menudo lo hace posible: la compactación curricular.

¿Qué es la compactación curricular?

Cuando un alumno ya ha demostrado que domina parte del contenido del curso, **no tiene sentido obligarle a repetir tareas que no le aportan nada nuevo.** La compactación permite **ajustar el currículo eliminando aquello que ya ha sido adquirido,** para **liberar tiempo** que pueda dedicar a retos más profundos, creativos o personalizados.

¿En qué se basa?

Esta estrategia, recogida en el **Modelo de Enriquecimiento Escolar de Renzulli,** parte de una premisa sencilla:

1 Joseph Renzulli es un psicólogo educativo estadounidense reconocido internacionalmente por sus aportaciones al campo de la educación de los alumnos con altas capacidades intelectuales.

2 Sally M. Reis es una destacada psicóloga educativa estadounidense, ampliamente reconocida por sus contribuciones al campo de la educación de alumnos con altas capacidades.

> *"Si el alumno ya sabe algo, enseñárselo de nuevo no solo es innecesario, puede ser contraproducente."*

No es "avanzar más rápido", ni "saltarse el temario". Es **aprovechar mejor el tiempo de aprendizaje** y evitar la repetición vacía.

¿Cómo se hace?

1. Detectar el dominio previo

Antes de una unidad o secuencia didáctica, se valora si el alumno ya sabe los contenidos:

- Pruebas breves o preguntas guía.
- Observación continuada.
- Diálogos o autoevaluaciones.

2. Compactar lo que ya sabe
   - Eliminar actividades repetitivas.
   - Enfocarse en las partes que aún no domina.
   - Reducir tareas que no le suponen esfuerzo real.
   - Sustituirlas por propuestas de enriquecimiento: retos, investigaciones, creaciones, mentorías…

3. Acompañar el nuevo reto
   - Diseñar propuestas ajustadas a su perfil.
   - Ofrecer estructuras, apoyos o autonomía según el caso.
   - Hacer seguimiento emocional y cognitivo.

4. Registrar el proceso
   - Anotar qué se ha compactado y con qué fin.
   - Garantizar continuidad y coherencia con el resto del equipo docente.

¿Por qué es importante?

- Porque evita la frustración y el aburrimiento en alumnos con alta capacidad.

- Porque optimiza el tiempo de aula para todo el grupo.
- Porque es una medida pedagógica **justa,** no un privilegio.

¿Y si el alumno domina solo una parte?

La compactación **no es binaria:** no exige que se domine el 100% para aplicarla. Más bien permite **ajustar con precisión:**

- **Se compactan los contenidos o tareas que ya domina** Ej.: si ya comprende perfectamente un concepto (como el área del triángulo), no necesita repetir cinco ejercicios básicos más.
- **Se refuerzan o amplían aquellos que aún está construyendo** Ej.: puede trabajar con más profundidad el razonamiento detrás de una fórmula, crear un vídeo explicativo o resolver un problema más complejo relacionado.
- **El tiempo que ahorra se dedica a tareas de reto, profundización, ampliación y creación,** conectadas con el mismo ámbito de aprendizaje.

Ejemplo concreto:

Unidad: "La energía y sus transformaciones"

El alumno demuestra dominar:

- Tipos de energía.
- Diferencia entre energía renovable y no renovable.

Pero aún necesita trabajar:

- Aplicaciones prácticas en la vida diaria.
- Impacto medioambiental de cada tipo.

Pasos:

1. **Compactamos** las explicaciones teóricas iniciales.
2. **Le proponemos** crear una presentación comparativa o una actividad divulgativa para sus compañeros sobre las fuentes de energía.

3. **Y reforzamos** las conexiones entre energía y sostenibilidad con tareas adaptadas a su nivel de reto.

Importante: La compactación no exige saberlo todo, sino reconocer qué parte ya no necesita ser repetida, para aprovechar mejor el tiempo de aprendizaje.

Frase frecuente de aula:

"¿Y si ya me lo sé, lo tengo que volver a hacer?"
La respuesta debería ser siempre: "No. Vamos a usar ese tiempo en algo que te haga avanzar."

Una vez hemos compactado, podemos aprovechar ese tiempo liberado con propuestas de enriquecimiento bien pensadas, como las que plantea el modelo SEM de Renzulli. Nos plantea tres tipos de enriquecimiento distintos. El tipo I, el tipo II y el tipo III.

Tipo I: Exploración general

Busca despertar curiosidad y ampliar horizontes. Se trata de exponer al alumnado a temas, ideas, disciplinas, personas o experiencias que no conocerán por sí solos. Para todo el alumnado del aula.

Ejemplos:

- Charlas de expertos.
- Actividades motivadoras o experimentales.
- Vídeos inspiradores, visitas, talleres artísticos, científicos o humanísticos.

Tipo II: Desarrollo de habilidades

Estas habilidades son transferibles a cualquier área y fundamentales para que un proyecto de enriquecimiento no se quede en una ocurrencia.

Para los que quieran profundizar en alguna de las habilidades. Se centra en entrenar habilidades que permiten aprender mejor o habilidades que se darían en una disciplina específica. Por ejemplo:

- Pensamiento crítico.
- Habilidades sociales.
- Estrategias de autorregulación.
- Técnicas de investigación o presentación.
- Competencias transversales.

Durante una unidad sobre proporcionalidad, el alumnado debía resolver problemas aplicando reglas de tres. Mientras la mayoría seguía los ejercicios pautados, Paula, que ya dominaba el contenido, recibió una propuesta distinta:

> *—"¿Y si inventas un problema real en el que se use proporcionalidad, lo resuelves, y explicas cómo lo pensaste?"*
> *Paula decidió crear una campaña para recaudar fondos para una protectora de animales. Diseñó carteles, estimó costes y elaboró un pequeño informe explicando cómo había ajustado presupuestos según el número de participantes.*
> *"¡Me he sentido como si hiciera algo de verdad!", dijo al final.*
> *El contenido era el mismo. Pero el reto era suyo.*
> *–Paco, maestro de Matemáticas de 6.º de Primaria*

Este tipo de propuestas permiten enriquecer sin separar, activar el pensamiento sin complicar y hacer que el aprendizaje tenga un propósito real.

Tipo III: Investigación y producción autónoma

Aquí es donde el alumno, guiado y acompañado, lleva a cabo un proyecto personal a partir de sus intereses. Investiga, explora, diseña, crea. El foco está en desarrollar compromiso, pensamiento profundo y autorregulación. Es el tipo de enriquecimiento más exigente… y también el que mayor impacto tiene cuando responde a una verdadera necesidad del alumno.

> *Álvaro no se mostraba especialmente motivado en clase, aunque siempre hacía lo mínimo bien. Un día, en una tutoría, confesó que le interesaba la historia militar y los mapas antiguos. Su profesor le propuso diseñar un proyecto personal dentro del bloque de la Edad Moderna:*
> *–"¿Te gustaría investigar cómo evolucionaron las estrategias de defensa en Europa tras el descubrimiento de América?"*
> *Álvaro aceptó. Durante un mes, trabajó con mapas, analizó fortalezas, consultó fuentes históricas e incluso elaboró una maqueta de una ciudad fortificada del siglo XVI. Al presentar su trabajo, dijo:*
> *–"Nunca había hecho algo tan mío y he aprendido más que en todo el tema."*
> *Ese día no solo aprendió historia. Se reencontró con las ganas de aprender.*
> *– Alex, Profesor de Ciencias Sociales, 3.º de ESO*

Este tipo de proyectos no busca que todo salga perfecto, sino que el alumnado se implique de verdad. Y cuando eso ocurre, el talento aparece sin tener que forzarlo.

5. ¿Para quién es el enriquecimiento?

Para alumnos con alta capacidad, para quienes destacan en algún área, aunque no tengan informe, y para cualquier grupo que se motive con propuestas más abiertas, profundas o ligadas a sus intereses.

No es una medida para unos pocos, es una forma de dar a cada uno lo que necesita para seguir aprendiendo. Eso es equidad.

6. Recomendaciones para hacerlo bien

- Escucha al alumno: conecta con sus intereses y motivaciones reales.
- Da estructura sin agobiar: ofrece alternativas, tiempos, formatos... pero sin dejarlo solo.
- Integra herramientas de metacognición y autorregulación.
- No todo tiene que terminar en un producto, pero sí debe dejar una huella.

Lucía era una alumna con alta capacidad en la parte verbal. Durante una unidad sobre animales en Ciencias Naturales, su profesora propuso:
–"¿Alguien quiere crear un podcast sobre animales en peligro de extinción?". Lucía se apuntó. En las siguientes semanas, investigó especies, redactó guiones, entrevistó a su prima que vivía en Ecuador y grabó los episodios. Al final, no solo había aprendido ciencia sino que aprendió a hacerse oír.

–María Teresa, Maestra de Ciencias Naturales en 4.º de Primaria

Mi hijo solía volver del cole diciendo que se aburría. Ahora llega emocionado porque está haciendo un proyecto sobre volcanes... ¡y se lo toma como algo suyo! No sé si lo llamáis enriquecimiento, pero para nosotros es motivación real.

– África, madre de Nicolás (7 años)

Durante años, mi hija volvía del colegio sintiéndose diferente. Le apasionaban los números, los experimentos, las preguntas complejas... pero en clase apenas podía compartirlo. A veces la llamaban "sabionda" o le decían que hablaba demasiado. Yo solo quería que fuera feliz, pero también sabía que necesitaba algo más. Cuando nos dijeron que iba a formar parte del Club STEAM del colegio, no sabíamos qué esperar. Hoy, unos meses después, vuelve cada semana emocionada, contando lo que ha investigado, lo que está creando, lo que quiere probar. Ha encontrado un espacio donde puede ser ella misma, donde sus intereses se valoran y se transforman en proyectos reales.

–"Aquí no me siento rara", dice la niña. Ahora la veo más segura, más conectada y mucho más feliz. Y eso, para mí, lo significa todo.

–Rosario, madre de Gabriela (11 años)

Claves

Conceptos Principales

- El objetivo es encender la chispa. A veces un vídeo de tres minutos abre un camino que dura toda la vida.
- El enriquecimiento aporta lo que falta: reto, interés y caminos diversos que no encuentran en la vía ordinaria. Es ofrecer experiencias que les permiten explorar, crecer y reconocerse más allá del programa escolar. En realidad, es despertar el talento en un entorno que lo permite.

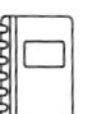

Recursos Útiles

A. Renzulli, J. S., Reis, S. M., & Tourón, J. (2021). El modelo de enriquecimiento para toda la escuela: Una guía práctica para el desarrollo del talento. UNIR Editorial.

B. Vídeos modelo SEM. https://youtu.be/t-hffrqteHY?si=h5rbV0ezTHu_wKBE

QR con recursos para descargar en página 254.

Por dónde empezar

- Pregunta a un alumno qué le gustaría investigar.
- Diseña un pequeño reto de ampliación dentro de la tarea común.
- Introduce una sesión semanal para proyectos personales o exploraciones libres.
- Observa si hay algún alumno que necesita más… o algo distinto.
- Anímate a proponer un primer proyecto SEM tipo I en tu aula: sorprende, conecta y observa qué despierta.

Capítulo 17.
Una evaluación formativa

¿Y si estoy enseñando, pero no están aprendiendo?
¿Cómo puedo saber si van entendiendo… antes de que sea tarde?
¿Y si no necesitan lo mismo todos?
¿Cómo hago para no quedarme con la nota final?
¿Y si la evaluación pudiera ayudarme a enseñar mejor?

A veces, siento que voy a ciegas. Quiero saber si mis alumnos están entendiendo, si les estoy acompañando bien, si necesitan más, menos, otra cosa… Pero cuando llega la evaluación, es tarde. ¿Cómo puedo enterarme antes?, ¿cómo saber si lo que les propongo les sirve de verdad?, ¿y si en vez de esperar a calificar, pudiéramos observar, ajustar y progresar juntos?

– Emma, maestra de primaria

1. Evaluar para guiar, no para calificar

La evaluación formativa no consiste en poner una nota, y mucho menos en estar haciendo exámenes continuamente. Tampoco espera al final para intervenir. Es una forma de acompañar el aprendizaje en tiempo real, observando, preguntando, ajustando y ayudando a que cada alumno entienda su propio proceso.

Es una evaluación que no mide desde fuera, sino que mira desde dentro. Y que se convierte en aliada de una enseñanza más equitativa, personal y significativa.

La evaluación formativa es una **estrategia docente que sirve para recoger información sobre el proceso de aprendizaje mientras ocurre, con el fin de ajustarlo** y mejorar tanto la enseñanza como el aprendizaje. Es externa y pedagógica: tú observas, recoges evidencias, conversas, evalúas sin calificar, ajustas lo que propones, das *feedback* y lo usas para tomar decisiones. Evaluar así no es trabajar más. Es mirar mejor.

2. Qué implica la evaluación formativa

Significa cambiar la lógica. Pasar de "calificar al final" a "acompañar mientras aprenden".

Se trata de hacer visible el pensamiento, escuchar con intención, y generar espacios donde el alumno pueda participar activamente en su proceso.

Algunas estrategias concretas:

- Observación atenta: no solo de lo que hacen, sino de cómo lo hacen, cómo se organizan, cómo resuelven, cómo expresan dudas.
- Conversaciones breves: preguntas tipo "¿Qué te está costando?", "¿Qué has descubierto hoy?", "¿Qué harías diferente?".
- Rúbricas compartidas: que no sean solo del profesor, sino herramientas para saber qué se espera, cómo avanzar y qué mejorar.
- Evidencias variadas: esquemas, fotos del proceso, audios, vídeos, entrevistas, diarios… No todo cabe en un examen.
- Momentos de reflexión: simples, breves y frecuentes. "¿Qué aprendí?", "¿Qué me sorprendió?", "¿En qué me equivoqué y qué aprendí de eso?".

3. Por qué es clave para personalizar

- Porque te permite ajustar lo que haces sin esperar a que termine el trimestre.
- Porque pone el foco en el proceso, no solo en el producto.
- Porque hace visible cómo aprende cada uno.
- Porque te permite detectar necesidades de reto, apoyo o ajuste en el momento justo.
- Porque ayuda al alumno a entender cómo aprende y qué necesita para continuar a partir de ahí, no solo si "lo ha hecho bien".

Antes evaluaba solo al final y me llevaba sorpresas, a veces no muy buenas. Ahora observo más, escucho mejor y hago preguntas diferentes. Corrijo menos, pero acompaño más. Y ellos también han empezado a escucharse más a sí mismos.

– Silvia, maestra de 2.° ESO

Sara es una alumna de 2.° de ESO que parecía desconectada. Nunca participaba. En un proyecto de Ciencias, le propuse como alternativa presentar los contenidos en formato vídeo. Sara entregó una explicación brillante, bien estructurada y con referencias científicas. Este producto permitió ver lo que un examen no habría mostrado. Gracias a esa evidencia, se pudo abrir una tutoría con ella, proponer tareas más visuales en las semanas siguientes, y Sara empezó a implicarse más.

–Manuela, profesora de Ciencias de 2.° de ESO

4. ¿Cómo se aplica en el aula? Ideas para empezar sin agobios

Todo esto suena bien... pero ¿cómo lo pongo en práctica con 30 alumnos, cuatro clases seguidas y el tiempo que apenas me alcanza para explicar los contenidos.

– Carlos, profesor de un Centro de Secundaria

No hace falta que lo hagas todo de golpe. Basta con empezar por pequeños cambios que puedas mantener. Aquí tienes algunas ideas para incorporar la evaluación formativa en tu aula sin volverte loco en el intento.

La evaluación formativa no es una técnica suelta, es una forma de estar en clase, de observar con intención y de devolver información útil para seguir aprendiendo. Pero ¿qué significa eso en el día a día?

Aquí van algunas formas concretas de aplicarla:

- **Observar cosas concretas:** mira cómo resuelven, cómo se organizan, qué estrategias usan, qué errores repiten o cómo colaboran. Anota pequeñas pistas.
- **Conversaciones breves pero potentes:** "¿Qué te está ayudando?", "¿Qué te falta por entender?", "¿Cómo sabes que lo has hecho bien?".
- **Mini rúbricas centradas en el proceso:** no necesitas una supertabla. A veces basta con tres criterios claros: esfuerzo, mejora, comprensión.
- **Autoevaluaciones y coevaluaciones visuales:** dales voz para valorar su propio avance. Usa dianas, semáforos o escalas visuales.
- **Diarios de aprendizaje o registro de ideas:** una frase al final del día puede ser más valiosa que una nota: "Hoy he aprendido…", "Lo que me ha costado más ha sido…", "Mañana quiero mejorar en…".
- **Devoluciones en lugar de calificaciones:** en vez de decir "un 7", prueba a decir "Has argumentado muy bien tu idea, ¿quieres ampliarla con algún ejemplo más?".

La clave está en convertir cada momento de la clase en una oportunidad para comprender mejor cómo aprende tu alumnado… y ayudarte a enseñar mejor.

- **Empieza con uno o dos alumnos:** obsérvalos con intención durante una clase. Anota lo que ves.
- **Cambia una rúbrica cerrada por una compartida** en una actividad. Haz que ellos participen en los criterios.

- **Introduce una pregunta de reflexión final en la pizarra:** "¿Qué aprendiste hoy que no sabías?".
- **Usa una evidencia alternativa** (una foto, una nota de voz, una conversación) para evaluar un trabajo.
- **Prueba una mini rúbrica** por colores o caritas, en tareas cortas.
- **Observa más, corrige menos:** a veces, una buena pregunta cambia más que una anotación en rojo.
- **Cierra la clase con una rutina de reflexión:** "¿Qué he aprendido? ¿Cómo me he sentido? ¿Qué necesito ahora?".
- Deja una tarde para escuchar dos audios o leer dos diarios de aprendizaje, no hace falta abarcarlo todo en un día.

Es mejor hacer una cosa bien pensada que intentarlo todo y rendirse. La evaluación formativa empieza por una mirada distinta.

Experiencia en el aula en 5.° de Primaria, Lengua

Están trabajando los textos descriptivos. La maestra, Ana, comienza la sesión con una propuesta clara:

> *– "Hoy vamos a escribir la descripción de un lugar que os guste mucho. Pero antes, vamos a repasar juntos qué tiene que tener un buen texto descriptivo."*

Entre todos, construyen una **rúbrica sencilla** en la pizarra:

- ¿Describe con detalle?
- ¿Usa bien los adjetivos?
- ¿Organiza bien las ideas?
- ¿Hace que quien lo lea se imagine el lugar?

Ana les pide que elijan dos criterios y, mientras escriben, piensen si los están cumpliendo.

Cuando terminan, hacen una **autoexploración rápida:**

– *"Colorea en tu hoja los dos criterios que has trabajado bien. Y pon una estrella en el que te ha costado más."*

Durante la corrección, Ana no pone nota. Señala frases que transmiten sensaciones, resalta recursos bien usados y hace preguntas como:

– *"¿Qué podrías añadir para que entendamos mejor cómo es ese sitio?"*

Y deja una nota escrita en algunas redacciones:

– *"¿Podrías leerlo en voz alta y ver si se entiende igual de bien que en tu cabeza?"*

Al final de la semana, les pide que elijan su mejor descripción y expliquen por qué la han elegido. Ese pequeño gesto les ayuda a mirar su proceso con otros ojos.

Experiencia en el aula en 3.° de ESO, Ciencias Sociales

En plena unidad sobre los sistemas políticos, Gema, profesora de 3.° de ESO, lanza una pregunta a su grupo:

– *"¿Qué tipo de sistema político creéis que favorece más la participación ciudadana? Pensadlo un momento y anotad vuestras ideas."*

Les da unos minutos. Luego propone una rutina breve: Antes pensaba / Ahora pienso.

Después de un pequeño vídeo explicativo y una lluvia de ideas, cada alumno completa la rutina en su cuaderno.

Mientras ellos escriben, Marta pasea por el aula y anota en su libreta observaciones sobre lo que expresan, quién necesita apoyo para argumentar y quién plantea relaciones más complejas. Sin corregir directamente, se acerca a uno de los chicos y le dice en voz baja:

> – *"Tu idea es buena. ¿Te animas a explicarla en voz alta, pero añadiendo un ejemplo real?"*

Al acabar, les propone pegar su "Antes pensaba / Ahora pienso" en una cartulina común, y les pregunta:

> – *"¿Alguien ha cambiado de opinión hoy? ¿Por qué?"*

Esa misma tarde, Marta repasa las respuestas. Gracias a esa rutina sencilla, ya sabe qué deben reforzar en la siguiente sesión, quién necesita apoyo en la argumentación y quién está preparado para ir más allá con un pequeño reto extra.

Este capítulo no estaría completo sin agradecer la mirada clara, práctica y transformadora de docentes como **Mariana Morales**[1]**, Juan Fernández**[2] **y Domingo Chica Pardo**[3]**.**

Gracias a sus aportaciones, cada vez más profesorado descubre que **evaluar también es acompañar.** Que observar con intención, preguntar con intención pedagógica clara y ajustar con flexibilidad puede cambiar la experiencia de aprendizaje para todos. Sus ideas nos han guiado para escribir estas páginas, y sabemos que también te acompañarán a ti si decides profundizar.

---

1 Mariana Morales Lobo es consultora educativa especializada en evaluación formativa y autora de varios libros, como *La evaluación formativa* y *La observación de aula*.

2 Juan Fernández es profesor de ciencias en Madrid y doctorando en Psicología Educativa. Es autor de *En blanco*, donde ofrece estrategias prácticas para mejorar el aprendizaje, y de otros libros sobre educación. Se dedica a la divulgación y la investigación en el campo de la psicología educativa.

3 Domingo Chica Pardo es profesor de Secundaria y Bachillerato. Es autor del blog *Domingochica.com*, donde comparte recursos y estrategias pedagógicas.

Claves

Conceptos Principales

- La evaluación formativa acompaña el proceso, no espera al final. Es una herramienta para personalizar desde la observación y la escucha.
- Ofrece pistas para ajustar, mantener o cambiar el rumbo. Da valor al proceso de aprender, no solo al resultado.
- Empodera al alumnado: le ayuda a tomar conciencia de cómo aprende. Observa, da posibilidades, escucha.

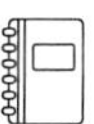

Recursos Útiles

A. Morales Lobo, M., & Fernández Fernández, J. G. (2022). *La evaluación formativa: Estrategias eficaces para regular el aprendizaje*. Ediciones SM España.
B. *La mariposa de Austeen* [Video]. YouTube. Inicial02. (2017, diciembre 21).
C. Blog de Domingo Chica
D. Podcast Sin Notas

Por dónde empezar

- Incluye momentos de reflexión. Al finalizar una tarea, lanza una pregunta que invite a pensar sobre lo aprendido o el proceso vivido.
- Evalúa con ellos, no solo para ellos. Usa rúbricas compartidas y permite que elijan su mejor trabajo justificando su elección.
- Observa con intención. Dedica tiempo a mirar de cerca a un alumno y anotar lo que ves: gestos, dudas, estrategias…
- Escúchalos. Reserva unos minutos al día para hablar de cómo se sienten aprendiendo.
- Explora nuevas formas de evaluar. Prueba con audios, dibujos, conversaciones… y revisa si en tus actividades estás valorando también el proceso, no solo el producto.

Capítulo 18.

Calificar en el aula personalizada

¿Cómo pongo una nota justa si cada alumno hace algo distinto?
¿Y si unos hacen tareas más complejas que otros?
¿Cómo justifico la calificación si cada uno llega por un camino diferente?
¿Cómo distingo entre evaluar, calificar y simplemente corregir?
¿Puedo hacerlo sin sentirme injusto o poco riguroso?

1. Evaluar no es calificar

No todo lo que se evalúa debe tener nota.

Evaluar es observar, acompañar y ajustar el proceso de aprendizaje. Calificar es transformar parte de esa evaluación en una calificación numérica o descriptiva. No es lo mismo, y **no todo lo que evaluamos tiene por qué acabar en una nota.**

En aulas personalizadas, con tareas diferenciadas, trabajos en diferentes niveles o proyectos abiertos, esta distinción se vuelve aún más importante. Lo fundamental no es "cuánto ha hecho", sino **qué ha aprendido,** desde dónde ha partido y hasta dónde ha llegado. Y eso requiere criterios claros, no comparaciones.

> *Antes me preguntaba: "¿qué puntuación le pongo?". Ahora me pregunto: "¿qué ha aprendido realmente esta persona?". Y eso me ayuda a calificar mejor.*
>
> — *Elisa, profesora Biología*

2. Calificación personalizada: cuando no todos hacen lo mismo

Cuando el aprendizaje es personalizado, la calificación debe reflejar lo esencial: el logro competencial. Para ello, necesitamos:

a) Criterios claros y compartidos

No se califica el formato ni el esfuerzo visible, sino el aprendizaje conseguido. Los criterios deben estar vinculados al currículo competencial, no a la tarea en sí. Por ejemplo:

- No es "ha hecho una infografía" sino "comunica con claridad una idea compleja".
- No es "ha grabado un vídeo" sino "analiza con rigor una situación real y la explica con sus palabras".

b) Evidencias diversas y flexibles

Un mismo criterio puede demostrarse de distintas formas: cómic, redacción, vídeo, infografía, exposición oral, podcast...

Lo importante es **qué** se demuestra, no **cómo.**

c) Instrumentos útiles, no formales

- Rúbricas por niveles de competencia.
- Plantillas de reflexión.
- Registros del proceso.
- Conversaciones de retroalimentación.
- Autoevaluaciones y coevaluaciones guiadas.

No necesitas grandes formularios. Necesitas claridad en lo que esperas y herramientas que te ayuden a verlo. En este sentido, recomendamos seguir a Kike Guerrero[1] que es un auténtico experto en evaluación.

1 Kike Guerrero es un docente y formador español especializado en evaluación educativa. Es conocido por su enfoque práctico y reflexivo sobre cómo evaluar en el aula, promoviendo una evaluación centrada en el aprendizaje más que en la calificación.

Para mí el gran cambio ha sido entender que la rúbrica no es para calificar: es para mirar mejor lo que el alumno ha conseguido.
— Inés, profesora de Lengua

Experiencia en el aula en 2.° de ESO, Ciencias Sociales

El alumnado trabaja un proyecto sobre los derechos humanos.

- Cecilia escribe un cuento ilustrado sobre el derecho a la educación.
- Luis graba un vídeo con entrevistas.
- Emma diseña una línea del tiempo interactiva.
- Javier presenta una exposición oral con apoyo visual.

Todos trabajan con el mismo criterio de evaluación:

"Comprender y comunicar qué son los derechos humanos y su importancia actual, con conexión a situaciones reales."

Cada uno usa un medio distinto, pero la calificación se basa en:

- La comprensión del contenido.
- La claridad comunicativa.
- La conexión con el contexto real.

Se califica la competencia alcanzada, no la estética ni el formato.

3. Cuando la calificación contradice la personalización

Ejemplo de lo que no funciona

En una unidad sobre los derechos de la infancia, los alumnos trabajan con proyectos flexibles. Todo va bien. Pero al final se les pone un examen tipo test con fechas y definiciones (y esto es lo que tiene más peso en la nota final).

El resultado es que quienes habían aprendido de forma profunda no lograron buena nota. Quienes habían memorizado, sí.

Sentí que todo lo que había aprendido no servía. Lo importante era contestar como decía el libro.

— Laura, 14 años

La calificación debe estar alineada con el tipo de aprendizaje que has propuesto. Si la tarea es significativa, la evaluación también debe serlo.

4. Y, cuando hay que poner una nota ¿cómo hacerlo bien?

La calificación no tiene por qué perder sentido si se hace con criterios competenciales y mirada justa. Algunas ideas:

- Usa rúbricas con niveles de logro: por ejemplo, mínimo, adecuado, avanzado.
- No califiques cuánto hace, sino qué demuestra.
- Ten en cuenta el punto de partida del alumno y su progreso.
- Incluye la autoevaluación como parte del proceso.
- Justifica la nota con evidencias observables, no con impresiones.

Un trabajo excelente a nivel básico puede valer tanto como uno correcto a nivel avanzado. Lo importante es el logro personal y la adquisición de competencias y contenidos, no la comparación con los demás.

— Ismael, profesor de Historia

5. Herramientas que ayudan

- Rúbricas multinivel adaptadas a distintos formatos.
- Diarios de aprendizaje.
- Escalas visuales o de progreso.

- Contratos de evaluación compartida.
- Cuadernos de evaluación flexible.
- Menús de evidencias: elegir cómo demostrar lo aprendido (te dejamos uno más abajo, en *Recursos*).

El día que hicimos la rúbrica entre todos, fue muy diferente. Al principio se sorprendieron. Por primera vez sabían qué se esperaba de ellos y sentían que podían lograrlo.
— Sofía, docente de Primaria

Experiencia en el aula en 2.° de ESO, Historia

Unidad: El feudalismo

Tipo de tarea: producto abierto

Objetivo de aprendizaje: comprender y explicar los rasgos principales de la sociedad feudal, sus estamentos y relaciones sociales, expresándolo con claridad y perspectiva histórica.

Ejemplos de tareas:

- Lucía hace un cómic con personajes medievales.
- Jaime crea una infografía comparativa.
- Natalia escribe una redacción con ilustraciones.
- Óscar graba un vídeo actuado con personajes de cada estamento.
- Todos trabajan hacia el mismo objetivo, con rúbricas comunes.
- La profesora observa comprensión, expresión, creatividad y rigor histórico.
- Cada alumno recibe una devolución individualizada + su rúbrica comentada.

Calificar en un aula personalizada no significa perder el control ni dejar de ser rigurosos. Al contrario: significa mirar de cerca, valorar con criterio y devolver a cada alumno una **evaluación que realmente refleje lo que ha aprendido, cómo ha avanzado y qué puede seguir mejorando.** No se trata solo de poner una nota, sino de **dar significado a esa nota.** Porque cuando la calificación final tiene contexto, responde a unos criterios bien definidos y se apoya en evidencias reales, deja de ser un número aislado para convertirse en una herramienta útil. Útil para ti, como docente, pero sobre todo para el alumno, que entiende qué ha hecho bien, qué puede seguir desarrollando y por qué esa nota tiene sentido.

Claves

Conceptos Principales

- Calificar en contextos personalizados exige criterios claros, evidencias flexibles y enfoque competencial.
- La calificación debe estar alineada con el tipo de aprendizaje que se propone, no con pruebas que lo contradicen.
- Una nota solo tiene sentido si refleja lo que el alumno ha aprendido, cómo ha progresado y qué puede mejorar.

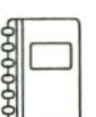

Recursos Útiles

A. https://altas-capacidades.es/menu-de-evidencias-demuestra-lo-que-sabes/
B. Sanmartí, N. (2007). Evaluar y aprender: un único proceso. Editorial Octaedro.
C. Sanmartí, N. (2012). 10 ideas clave. Evaluar para aprender. Editorial Octaedro.
D. Guerrero, K. (2019). Claves para evaluar. Guía práctica para docentes. Educa Sportis.

QR con recursos para descargar en página 254.

Por dónde empezar

- Revisa una rúbrica que ya uses y cambia los descriptores: que empiecen por "Demuestra que…".
- En una tarea próxima, deja elegir el formato de entrega (texto, vídeo, presentación…).
- Introduce una breve autoevaluación guiada antes de poner la nota.
- Habla con tu clase de qué significa "hacerlo bien" antes de empezar una actividad.
- Observa si tu forma de calificar refleja el tipo de aprendizaje que has promovido.

Capítulo 19.

"¿Tengo que explicar o ya no se explica?"

Cómo empezar una clase para personalizar desde el primer minuto

> *Hola Inés y Susana,*
> *Me encanta la idea de personalizar, pero no entiendo cómo empiezo mi clase ahora. ¿Tengo que dejar de explicar? ¿Cómo van a entender los contenidos si no se los cuento yo? ¿Y si algunos no saben nada y otros ya lo saben todo? ¿Cómo gestiono esto? Cada vez que abro el libro de texto o empiezo una unidad, me asaltan las dudas. Quiero atender bien a mis alumnos, pero necesito un punto de partida que me permita no volverme loca. ¿Podéis ayudarme?*
>
> — *Esteban, profesor de 5.º de Primaria*

1. ¿Explico o no explico?

La explicación sigue siendo importante. Pero no es lo mismo explicar para todos sin saber qué saben, qué explicar con intención y solo cuando hace falta.

La clave no está en dejar de explicar, sino en cuándo, cómo y para quién explicamos.

En un aula personalizada:

- No desaparece la explicación, se transforma y se convierte en **uno de los recursos posibles,** no en el punto de partida obligatorio, ni universal.
- **Se ofrece cuando se necesita,** no antes ni por costumbre.
- **Se adapta al perfil del alumno:** a veces en pequeño grupo, a veces individualmente, a veces con un vídeo que puedan ver a su ritmo. Se puede ofrecer antes, durante o después de una actividad, según necesidades.

2. Cómo empezar paso a paso

Aquí tienes un esquema claro para comenzar una unidad o una lección **desde la personalización y sin perder el norte:**

1. Evalúa antes de enseñar

Como ya comentamos en el Capítulo 10, una pequeña actividad inicial te permite ver qué sabe cada alumno antes de empezar.

Ejemplos:

- Un ejercicio complejo (tipo "final del tema").
- Una pregunta abierta: "¿Qué sabes sobre...?".
- Un problema o reto.
- Un error a detectar.
- Una observación directa mientras explican algo a un compañero.
- "Antes de enseñar, escucha lo que ya saben."

2. Organiza una tarea multinivel o con posibilidades de elegir

Diseña una primera actividad con **varios niveles o caminos,** que permita a los alumnos elegir por dónde empezar.

Ejemplo en Historia:

- Nivel básico: Línea del tiempo visual con los eventos clave.
  Nivel medio: Redactar una noticia ficticia desde un hecho histórico.

Nivel alto: Comparar causas de dos conflictos históricos y sacar conclusiones.

La explicación puede aparecer:

- En vídeo, accesible para quien la necesite.
- En una mini sesión con un grupo pequeño.
- Al final, como refuerzo tras la tarea.

3. Acompaña desde la observación

Durante la tarea, **observa cómo trabajan,** ofrece ayuda donde se necesita, y adapta la intervención.

Podrás ver:

- Quién necesita que le expliques.
- Quién puede avanzar solo.
- Quién necesita apoyo entre iguales.
- Quién necesita otro enfoque.

4. Cierra con metacognición

Termina con 5 minutos de reflexión individual o en grupo.

Ejemplos:

1. ¿Qué he aprendido hoy?
2. ¿Qué me ha sorprendido?
3. ¿Qué necesito para seguir avanzando?

En una clase de 3.° de ESO, el profesor empieza un tema de geometría. En lugar de explicar directamente, entrega tres tarjetas:
Nivel 1: Une conceptos con dibujos geométricos.
Nivel 2: Resuelve un problema con figuras combinadas.
Nivel 3: Explica cómo usar la geometría para calcular superficies en diseño arquitectónico.
Mientras trabajan, se acerca a quienes tienen más dificultades y les explica con ejemplos manipulativos.
Otros piden un vídeo. Algunos terminan y crean un reto para los demás.
Al final, todos han avanzado… y nadie ha sentido que la clase no era para él.

Primeros pasos:

Empieza poco a poco. Aquí tienes dos formas simples de dar el primer paso:

1. Elige una clase a la semana para probar a empezar con una **pregunta potente o un reto,** en lugar de explicar directamente.
2. Pregunta al inicio: "¿Alguien ya ha trabajado este tema alguna vez? ¿Quién cree que necesita que se lo explique paso a paso?". Graba tu explicación una vez (o busca un vídeo que te guste), y deja que los alumnos la vean solo si la necesitan (modelo flipped classroom ligero).

En resumen:

Si quieres personalizar desde el inicio...	Haz esto
¿Tengo que explicar siempre?	No. Explica cuando sea útil y solo para quien lo necesite.
¿Cómo empiezo la lección?	Evalúa antes. No presupongas.
¿Qué hago en clase?	Propón tareas multinivel y acompaña desde la observación.
¿Y si algunos no entienden?	Ofrece apoyo, explicación o materiales a demanda. Ofrece "microlecciones"
¿Y si ya lo saben?	Compacta, propón un reto, permite progresar y subir de nivel.

Tabla 16. Resumen de cómo personalizar

Claves

Conceptos Principales

- Personalizar no implica dejar de explicar, es explicar cuando hace falta. **No empieces explicando:** empieza observando.
- **Evalúa antes**, actúa después. Diseña tareas con opciones o niveles.
- La explicación se convierte en **una herramienta de apoyo**, no en la única vía. Cuando explicas a quien no lo necesita, lo distraes. Cuando no explicas a quien lo necesita, lo abandonas. La magia está en saber cuándo, a quién y cómo hacerlo."

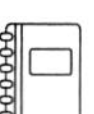

Recursos Útiles

A. Esquema de adaptación de las lecciones a las necesidades.

QR con recursos para descargar en página 254.

Por dónde empezar

- Mañana, no expliques de inmediato. Comienza con una pregunta o un reto.
- Diseña una tarea con niveles diferentes.
- Observa a tus alumnos en acción.
- Pregúntales al final: "¿Qué te ha ayudado a aprender hoy?".
- Guarda tus explicaciones en vídeo. Úsalas solo cuando alguien lo necesite.

Capítulo 20.

Más allá de la EvAU, prepararlos para la vida

¿Y si luego tienen que hacer el mismo examen?
¿No será mejor acostumbrarlos desde ya al tipo de prueba final?
¿Tiene sentido personalizar si luego todo se iguala en la EvAU?
¿No será peor para ellos si se relajan y luego se enfrentan a algo rígido?
¿Y si personalizar les resta preparación real?

Cada año me pasa igual. Alumnos brillantes, motivados, que han recorrido su camino con autonomía, llegan a 2.º de Bachillerato y sienten que tienen que convertirse en otra persona. Que deben olvidarse de lo que han aprendido sobre sí mismos porque ahora "hay que entrenarse para la EvAU". Yo también me lo he preguntado: ¿vale la pena personalizar si luego todo es igual para todos? Mi respuesta, después de años, es sí. Porque lo que han vivido antes es lo que les permite enfrentarse ahora con más confianza, más estrategias y más sentido. Y porque educar es mucho más que preparar para un examen.

– José Luis, profesor de bachillerato

1. Un aprendizaje que no deja a nadie atrás

La personalización y el enfoque multinivel no son una moda. Son una necesidad. Lo hemos estado explicando a lo largo de todo el libro. Cada estudiante aprende a su ritmo, con su estilo, su contexto y sus retos. Tratar al grupo como si fuera homogéneo solo genera frustración: tanto para quien necesita más apoyo como para quien necesita más reto.

> *En clase siento que no puedo hacer preguntas porque vamos con prisa. Pero cuando mi profesor me dijo que podía investigar por mi cuenta un tema que me gustaba, volví a disfrutar aprendiendo.*
> *— Paola, 17 años*

Ya lo has visto: enseñar de esta forma no es bajar el nivel. Es subir a cada uno desde donde está. Y eso mejora no solo el bienestar, sino también los resultados.

Prepararse para la EvAU... y para mucho más

Sí, la EvAU es igual para todos. Pero pensar que personalizar "los desentrena" es un error.

Quienes aprenden desde un enfoque personalizado llegan más preparados y más seguros porque han desarrollado herramientas profundas:

- **Aprenden a aprender:** estrategias de estudio, planificación, organización, metacognición.
- **Toman decisiones:** eligen caminos, resuelven problemas, se autorregulan.
- **Manejan mejor sus emociones:** gestionan mejor el estrés porque ya han vivido procesos donde el error y la reflexión forman parte del aprendizaje.
- **Comprenden con profundidad:** no memorizan de forma mecánica, sino que conectan lo aprendido con lo que son y lo que sienten.

> *Antes de Bachillerato, mi hijo había hecho proyectos personales, elegido sus temas y aprendido a explicar sus ideas. Cuando llegó la*

> *EvAU, no solo aprobó con nota: sabía quién era y cómo estudiar. Y eso fue mucho más valioso que la nota.*
>
> *–Ismael, padre de Carlos (18 años)*

Experiencia en el aula en 1.° de Bachillerato, Historia

Durante una unidad sobre los regímenes totalitarios, el alumnado trabaja en tres niveles:

- Uno analiza fuentes históricas básicas y elabora un resumen guiado.
- Otro compara discursos y elabora una presentación crítica.
- Un tercer grupo investiga cómo el arte reflejó esos regímenes en distintas épocas.

Al final, todos se presentan a la misma prueba escrita. Pero han llegado a ella desde distintos caminos, y con una comprensión mucho más rica.

2. Un cambio necesario (y posible)

El mundo ha cambiado, y la educación no puede quedarse atrás. Personalizar no es desorganizar ni romper con el currículo, sino aprovecharlo como punto de partida para construir aprendizajes que sean reales, duraderos y valiosos.

> *A mí me da miedo salirme del esquema... pero cuando he hecho alguna actividad abierta, los alumnos han respondido con más ganas y mejores resultados. Tengo que confiar más en ellos y en mí.*
>
> *— Sebastián, profesor de Lengua, 2.° Bachillerato*

3. Cambiar la mirada: de la EvAU a la vida

La EvAU es una etapa que hay que pasar. Pero no puede ser el centro de todo.

¿De qué sirve que un alumno saque un 10 si no sabe quién es, cómo aprende o qué quiere?

Personalizar es preparar para la vida. Y también... para los exámenes. Porque cuando entienden, cuando piensan, cuando se sienten capaces, también rinden mejor.

> *Gracias a que pude hacer un proyecto sobre biomedicina, descubrí que eso era lo que quería estudiar. Ya no solo estudio para el examen. Estudio para mí.*
>
> — *Dani, estudiante (18 años)*

> *Todo esto me parece muy bien, pero yo tengo 33 alumnos por clase y poco tiempo. ¿Cómo lo hago sin morir en el intento?*
>
> — *Docente de Bachillerato, formación inicial*

Claves

Conceptos Principales

- Personalizar no baja el nivel: permite que cada alumno avance desde donde está, con más sentido y mejores resultados.
- Enseñar de forma flexible fortalece la autonomía, la comprensión y la gestión emocional, también frente a pruebas como la EvAU.
- Preparar para la vida implica más que entrenar para un examen: es ayudarles a descubrir cómo aprenden y quiénes son.

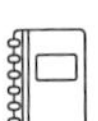

Recursos Útiles

A. Tabla con estrategias de personalización en Bachillerato.

QR con recursos para descargar en página 254.

Por dónde empezar

- Introduce una rutina de salida: ¿qué he aprendido hoy y cómo?
- Dedica un día al trimestre para trabajar por intereses.
- Usa rúbricas compartidas para clarificar expectativas.
- Introduce una reflexión semanal sobre cómo aprenden.
- Habla en voz alta del proceso de aprendizaje, no solo del resultado.
- Da espacio a un alumno para mostrar lo que sabe de una forma distinta.
- Escucha: una conversación breve a tiempo puede cambiar el rumbo de un alumno.

Capítulo 21.

PASICMAE: propuesta, paso a paso, hacia el aula activa

Vale, quiero cambiar. Pero ¿hay alguna guía que me diga cómo hacerlo por fases?
¿Por dónde empiezo si quiero personalizar pero no domino todas las metodologías activas?
¿Cómo sé si lo que hago ya es personalización... o solo una actividad suelta con opciones?
¿Esto de personalizar se puede hacer sin salirse del currículo?
¿Cómo puedo saber en qué punto estoy como docente para avanzar desde ahí?

1. ¿Qué es PASICMAE y para qué sirve?

PASICMAE es una propuesta basada en nuestra formación y experiencia, un modelo que hemos creado para ayudar al profesorado a integrar las metodologías activas en el aula de forma **progresiva, realista y sostenible,** con especial atención a la diversidad del alumnado y, en concreto, al alumnado con alta capacidad.

Con este modelo, proponemos un camino claro para transformar la práctica educativa, pasando del aula tradicional a un aula realmente personalizada y multinivel. Y lo hace sin fórmulas mágicas, pero con una estructura sólida: dos bases, dos etapas y siete pasos posibles.

No todos los docentes empiezan desde el mismo lugar. Por eso, PASICMAE te permite conocer dónde estás y avanzar desde ahí, sin agobios, sin perder el control, y con resultados reales.

2. Las bases del modelo: sin cimientos no hay cambio

Los fundamentos que deben estar presentes desde el principio son el conocimiento del perfil de nuestro alumnado y la alineación con el currículo.

P – Perfil del alumnado

Conocer a nuestros alumnos en profundidad es el primer paso. Preferencias, intereses, fortalezas, ritmo de trabajo, estilo de aprendizaje… No basta con saber su nombre y su nota media. La evaluación inicial debe ser rica, variada y continua.

A – Alineación con el currículo y las competencias

Todo cambio metodológico debe estar vinculado a lo que se espera del alumnado. Las propuestas deben estar **alineadas con los criterios de evaluación y las competencias clave,** para que tengan coherencia, propósito y validez académica.

Personalizando no improvisas, diseñas con estrategia.

3. Modificación del aula tradicional

(S-I-C). Esta primera etapa no exige grandes transformaciones. Se trata de **ajustar lo que ya haces** para acercarte poco a poco a un enfoque inclusivo y personalizado.

S – Sustitución

Reemplaza tareas cerradas por propuestas abiertas, con más de una forma válida de resolverlas.

Ejemplo: En lugar de que todos lean el mismo libro de texto, que cada uno elija un libro acorde a su nivel e intereses.

I – Inclusión

Introduce espacios de elección dentro del horario o al final de una sesión.

Ejemplo: Un banco de actividades (científicas, creativas, lúdicas...) donde cada alumno escoge en función de sus intereses, con normas claras y estructura compartida.

C – Compactación

Evita repetir lo que algunos ya dominan. Si un alumno ha demostrado competencia, permítele avanzar o profundizar. De esa forma, elimina, modifica o incluye actividades acorde a las necesidades del grupo.

Ejemplo: Diseño de actividades escalonadas, que tengan en cuenta la diversidad del aula: unos hacen las cinco primeras, otros las intermedias, otros las últimas. Así, todos trabajan con lo que realmente necesitan.

4. Transformación real del aula (M-A-E)

Una vez modificada la práctica tradicional, pasamos a una **enseñanza diferenciada en profundidad,** basada en la multinivelación y el enriquecimiento.

M – Multinivelación (dos niveles)

Ofrece directamente dos posibilidades para una misma tarea: una básica y otra más avanzada. Que sea el alumnado quien elija cuál se ajusta mejor a su momento.

Ejemplo: Dos versiones de una tarea de investigación: una con apoyo y pasos pautados; otra más libre, con mayor profundidad.

A – Ampliación de la multinivelación

Poco a poco, pasa de dos a tres o más niveles. Introduce herramientas como la taxonomía de Bloom o las destrezas de pensamiento para generar más riqueza cognitiva.

Ejemplo: Una misma tarea con tres rutas: analizar, aplicar o crear. Y cada alumno elige.

E – Enriquecimiento

El último nivel es ofrecer propuestas de investigación o creación para todos, adaptadas a sus intereses y capacidades.

Ejemplo: Proyectos interdisciplinares que conecten el área con temas reales que les apasionen.

Experiencia de aula en 5.° de Primaria - Ciencias

La maestra ha trabajado el tema del agua. Tras una fase de actividades comunes, lanza una propuesta multinivel:

- Hacer un mural con datos básicos sobre el ciclo del agua.
- Investigar el impacto del cambio climático en el agua potable.
- Crear un podcast con entrevistas simuladas a científicos del futuro.

Cada alumno elige su reto. La profe acompaña, observa y evalúa los procesos con una rúbrica común. Al final, no solo aprendieron ciencia: aprendieron a elegir, a pensar, a colaborar… y a disfrutar aprendiendo.

Claves

Conceptos Principales

- El modelo PASICMAE es una propuesta para poder atender mejor al alumnado transitando desde una metodología tradicional, paso a paso, de forma escalonada y segura, hacia una metodología cada vez más activa.
- Ofrece las claves a tener en cuenta para mejorar la práctica educativa.
- Permite a los docentes reconocer el punto en el que se encuentran y avanzar desde el mismo, sin tener que retroceder en su metodología. Lo importante no es el ritmo, es el rumbo.

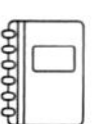

Recursos Útiles

A. Esquema visual del modelo PASICMAE
B. Cuestionario de autoevaluación PASICMAE para identificar tu nivel con guía de interpretación.

QR con recursos para descargar en página 254.

Por dónde empezar

- Pregúntate: "¿En qué nivel del modelo estoy ahora?" y mira qué pequeño paso puedes dar para avanzar.
- Revisa tu programación actual y comienza a diseñar desde el criterio y el perfil de tu alumnado.
- Introduce cambios paulatinos con seguridad y confianza.
- No tengas miedo al cambio, todo requiere práctica.
- Revisa la gestión de aula para permitir la autonomía.

BLOQUE 4.
Alta capacidad y desafíos

Capítulo 22.
¿Y si no rinde como se espera?

Tiene muchas capacidades, pero no las aprovecha.
Podría dar mucho más si se esforzara.
No entiendo cómo, con todo lo que sabe, no saca mejores notas.

Estas frases, tan habituales en las aulas, esconden una realidad compleja: **el bajo rendimiento de alumnos con alta capacidad** es una de las situaciones más desconcertantes para docentes y familias. Esperamos que brillen. Que destaquen. Que rindan. Y cuando no lo hacen, el desconcierto puede derivar en etiquetas, frustración o incomprensión.

1. Qué puede estar pasando

El bajo rendimiento no siempre es falta de esfuerzo o actitud. Muy al contrario, suele ser **un síntoma de desajuste entre lo que el alumno necesita y lo que el entorno le ofrece.** Algunas posibles causas frecuentes son:

- **Falta de reto cognitivo:** si todo es fácil, ¿para qué esforzarse?
- **Invisibilidad emocional:** cuando nadie ve quién soy de verdad, me desconecto.

- **Desmotivación profunda:** por rutina, por no encontrar sentido, por aburrimiento.
- **Ansiedad, presión, miedo al fracaso:** el perfeccionismo puede paralizar.
- **Doble excepcionalidad:** coocurrencias y desafíos no detectadas (TDAH, dislexia, discalculia, autismo, etc.).
- Malas experiencias previas o etiquetas dañinas: "vago", "conflictivo", "no quiere".
- **Falta de hábitos, estrategias y técnicas** adecuadas de estudio que no han tenido que utilizar en los primeros cursos escolares donde, sin esfuerzo, consiguen buenos resultados.

Como ves, **no hay una única causa,** y en realidad suele haber una combinación de dos o más causas. Por eso **el juicio rápido ("no se esfuerza") suele ser injusto** y contraproducente. Necesitamos mirar más allá.

2. Cómo identificarlo sin prejuzgar

Antes de asumir que "no trabaja", **observa.** Algunas señales pueden ayudarte a detectar un posible bajo rendimiento por desajuste:

- Alta capacidad verbal o razonamiento, pero baja ejecución académica.
- Participa en clase, pero no entrega tareas o lo hace de forma superficial.
- Muestra interés por aprender, pero rechaza lo escolar.
- Tiene ideas brillantes, pero no las desarrolla.
- Evita los retos por miedo a fallar o a decepcionar.
- Se muestra apático, desmotivado o incluso desafiante.
- Presenta comportamientos que encubren su capacidad (pasotismo, humor, crítica excesiva…).

Cuando un alumno con alta capacidad no rinde, el foco no debe ponerse en si se esfuerza, sino en si el entorno está alineado con sus necesidades.

3. Medidas que pueden ayudar

A veces, **pequeños cambios generan grandes avances.** Algunas medidas eficaces para estos casos son:

- **Flexibilizar desde los intereses:** proyectos personales, retos de aula, propuestas abiertas.
- **Tutorías personales periódicas:** crear un vínculo que le ayude a poner palabras a lo que le pasa.
- **Enseñar estrategias de planificación y organización:** puede que nunca las haya necesitado… hasta ahora.
- **Evitar etiquetas:** sustituir "vago" por "desconectado" cambia la mirada… y la intervención.
- **Ofrecer autonomía progresiva:** dar opción de elegir cómo aprender o demostrar lo aprendido.
- **Revisar posibles desafíos ocultos:** doble excepcionalidad, bloqueos emocionales o estilos de aprendizaje no atendidos.
- **Validar sus emociones** y darle espacio para expresarse: especialmente si hay frustración acumulada.

Era brillante en las explicaciones orales, pero no entregaba tareas. Cuando empecé a darle opciones para demostrar lo que sabía —un podcast, una infografía— todo cambió. No era vago, solo necesitaba otra forma de expresarse.

—Sierra, Docente de Secundaria

Nos decían que no se esforzaba, pero tenía una ansiedad brutal cada vez que fallaba. Con apoyo emocional y un cambio metodológico, su rendimiento y su confianza crecieron.

—Roberto, padre de Francisco (8 años)

Claves

Conceptos Principales

- El rendimiento es solo la punta del iceberg. Lo que vemos es importante, pero lo que está debajo: emociones, contexto, necesidades... lo es aún más.
- El bajo rendimiento en alumnos con alta capacidad suele ser síntoma de desajuste, no de falta de esfuerzo.
- Es clave observar sin prejuzgar, buscando causas profundas como desmotivación, ansiedad o doble excepcionalidad.
- Cambiar la mirada, ofrecer opciones y acompañar emocionalmente puede reactivar el aprendizaje y la confianza.

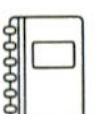

Recursos Útiles

A. Guía de análisis de bajo rendimiento.
B. https://www.mamavaliente.es/2022/06/16/alta-capacidad-y-bajo-rendimiento-que-esta-fallando-y-que-puedo-hacer/

QR con recursos para descargar en página 254.

Por dónde empezar

- Pregunta al alumno: "¿Qué te gustaría cambiar en la forma en la que aprendes?"
- Habla con las familias sin juicios, buscando sumar.
- Ofrece una tarea abierta con opción de elegir formato.
- Observa con mirada de explorador: ¿qué está intentando decirte con su comportamiento?

Capítulo 23.

Doble excepcionalidad: alta capacidad y algo más

¿Puede tener alta capacidad y tener también TDAH o dislexia?
¿Y si tiene un diagnóstico, cómo sé si también tiene alta capacidad?
¿Por qué a veces parece tan brillante y otras tan despistado?
¿Cómo sé si se está adaptando bien... o solo sobreviviendo?
¿Qué hago si el equipo docente no ve lo mismo que yo veo en casa?

Mi hijo parece dos personas distintas. Un día nos sorprende con ideas brillantes y al siguiente no consigue acabar los deberes. A veces me dicen que tiene mucha capacidad... y otras que no se esfuerza. Pero yo veo lo mismo que él: que no encaja en ninguna casilla. Que es muchas cosas a la vez. Y que lo que necesita no es que le encajen... sino que le comprendan.

– Teresa, madre de Pepe (10 años)

1. ¿Qué es la doble excepcionalidad?

Se habla de doble excepcionalidad cuando en un mismo alumno conviven una **alta capacidad intelectual** con alguna **neurodivergencia** o **necesidad educativa específica** (TDAH, autismo, dislexia, discalculia, trastorno del lenguaje, ansiedad, etc.).

Esta coocurrencia nos muestra un **perfil complejo** que a menudo pasa desapercibido porque una de las dos condiciones **enmascara** a la otra:

- El talento oculta el desafío → "Es que va muy bien, no necesita nada".
- El desafío oculta el talento → "Como tiene TDAH, no puede tener alta capacidad".
- Si coinciden varias neurodivergencias en el mismo individuo (y es más común de lo que pensábamos), los desafíos se multiplican.

Y en medio está la persona, sintiéndose incomprendida, camuflada, desbordada o invisible.

2. Mirar con lupa: ¿cómo se manifiesta?

No hay un único perfil, pero hay **patrones frecuentes** que pueden ayudarnos a sospechar.

¿Cómo se manifiesta la doble excepcionalidad en el día a día?

Aunque cada perfil es único, hay patrones frecuentes que pueden ayudarte a mirar con más claridad lo que a veces no se nombra. Aquí te los mostramos de forma concreta:

Perfil combinado con ACI	Posibles manifestaciones en el aula
TDAH	Impulsividad, olvidos frecuentes, dificultad para planificar, saltos creativos muy valiosos, pero poca constancia. Puede responder con brillantez oral, pero fallar al entregar tareas o seguir instrucciones al pie de la letra. Hiperfoco en tareas de su interés.
Autismo	Lenguaje avanzado, Hiperlexia, intereses muy intensos y profundos, pero poca flexibilidad en lo social o en los cambios de rutina. Necesidad de estructura, previsibilidad y entornos con bajo estímulo sensorial. A veces parece distante, pero está pensando en mil capas a la vez. Hiperfoco en sus intereses profundos. Gran atención al detalle.

Perfil combinado con ACI	Posibles manifestaciones en el aula
Dislexia / disgrafía / discalculia	Grandes ideas, vocabulario rico y razonamientos brillantes, pero enormes dificultades al escribir, leer o calcular. Baja autoestima al compararse con otros. Se esfuerza el doble y obtiene la mitad del reconocimiento.
Ansiedad o Alta sensibilidad	Alta autoexigencia, miedo al error, inseguridad extrema. Puede bloquearse ante tareas evaluables. A veces evita participar para no destacar o por miedo a no hacerlo perfecto. Llora con facilidad o se frustra con pequeños fallos.
Varias neurodivergencias combinadas	Perfil muy complejo: gran capacidad de análisis + dificultades de atención + sensibilidad emocional extrema + baja tolerancia a la frustración. Procesa el mundo de forma intensa y rápida, pero el entorno escolar le resulta confuso, poco flexible y agotador.

Tabla 17. Posibles manifestaciones de aula de los distintos perfiles

¿Cómo podemos atenderles mejor desde el aula?

No se trata de tener un protocolo específico para cada combinación, sino de crear **aulas sensibles, flexibles y con herramientas adaptables,** que respondan de forma justa y personalizada. Algunas claves:

1. Partir de sus puntos fuertes

- Identifica en qué destacan y ayúdales a apoyarse en ello para avanzar.
- Permite que expliquen oralmente lo que no pueden escribir bien.
- Ofrece tareas abiertas donde puedan brillar con sus talentos.

2. Reducir barreras invisibles

- Evita sobrecargarles con tareas repetitivas si ya dominan el contenido.

- Sé claro, secuencial y visual en las instrucciones (apoyos visuales, pasos numerados).
- Ajusta los tiempos: algunos necesitan más, otros menos.

3. Favorecer la regulación emocional

- Crea espacios seguros donde puedan expresar lo que sienten sin juicio.
- Introduce rutinas de metacognición y respiración consciente.
- Valida su esfuerzo, no solo el resultado.

4. Facilitar opciones de trabajo

- Que puedan elegir entre escribir, grabarse, hacer un esquema o diseñar una presentación.
- Que puedan trabajar en pareja o solos según su necesidad.
- Que tengan propuestas flexibles con reto real y opciones de apoyo.

5. Apoyar con referentes adultos

- Tener un docente o tutor que les conozca y les dé soporte emocional.
- Tener conversaciones periódicas para revisar su experiencia en el aula.
- Hablar con ellos sobre sus fortalezas, sus necesidades y cómo pueden autorregularse mejor.

6. Entrenamiento en funciones ejecutivas (ver capítulo 27)

Lo esencial: **no mirar solo el rendimiento,** sino el conjunto. Si ves incoherencias entre lo que sabes que puede hacer y lo que realmente hace, es momento de mirar más allá.

Experiencia en el aula – Secundaria

En clase de Historia, Pablo no toma apuntes, no entrega trabajos, no parece escuchar… Pero lanza una reflexión brillante sobre las causas ideológicas de la Revolución Francesa que deja al grupo en silencio. La profesora, en lugar de frustrarse, se acerca tras clase y le dice:

—"He visto que no necesitas lo mismo que el resto. ¿Qué te ayudaría a organizarte mejor sin perder esa capacidad que tienes de ver lo importante?"
Esa pregunta fue el inicio de una nueva forma de trabajar con él.

3. Un perfil único, con desafíos y fortalezas

La doble excepcionalidad no es una suma de etiquetas. Es una **combinación única de talentos y desafíos** que exige una mirada amplia, integradora y respetuosa.

En estos alumnos conviven:

- Creatividad, pensamiento divergente, intuición...
- Sensibilidad, intuición social o estética, conexión emocional profunda...
- Desafíos de atención, organización, escritura, procesamiento sensorial...

Y **cuando se acompaña bien,** ese perfil no solo se equilibra, sino que también **florece.**

A veces nos centramos tanto en etiquetar lo que va mal, que no vemos todo lo que sí va bien. Cuando ves a un alumno con doble excepcionalidad como un todo —con sus luces y sus sombras— cambian las preguntas... y también las respuestas.
– Sara, orientadora de un Centro de Primaria

4. ¿Qué podemos hacer desde el aula?

Aquí no se trata de inventar recursos nuevos, sino de adaptar lo que ya sabemos hacer, desde una mirada más flexible y personalizada.

- Diferencia sin separar. Ofrece tareas multinivel, productos diversos, tiempos ajustables.
- Acompaña sin sobreproteger. Permite retos reales, pero con apoyos visibles.
- Ofrece alternativas de expresión: voz, imagen, vídeo, mapa mental…
- Usa referencias visuales y rutinas para descargar la carga ejecutiva.
- Valida su esfuerzo, incluso cuando el resultado no llega.
- Involucra a orientación y familias desde el principio.
- Celebra los avances y también los intentos.

> *En el cole siempre pensaban que era vago o que no me esforzaba. Hasta que una profesora me preguntó por qué me costaba tanto empezar las tareas. Le conté que me daba miedo no hacerlo perfecto. Me ayudó a dividirlo por pasos. Y desde entonces, ya no me escondo en clase.*
>
> *–Guille, alumno con doble excepcionalidad*

5. Doble excepcionalidad + formación docente = detección justa

Detectar a estos alumnos requiere **formación y observación intencionada.** Si no, corremos el riesgo de:

- Confundir sus desafíos con falta de interés o inmadurez.
- Infravalorar su potencial.
- Sobrecargarles con expectativas que no pueden sostener sin apoyo.

Cuando un docente se forma en neurodivergencias y se abre a observar sin prejuicios, se convierte en puente. Y eso transforma la trayectoria escolar del alumno.

Martina, 4.º de Primaria. Ha sido diagnosticada con dislexia. Le cuesta escribir, pero tiene una creatividad desbordante. Su maestro le propuso grabar sus historias en audio. Después, la clase las escucha. Y todos aplauden. Martina sonríe por primera vez en semanas. —"Así sí puedo contar lo que tengo dentro", dice.

– Luisa, madre de Marga (9 años)

6. ¿Y cuando hay más de una neurodivergencia?

Como hemos visto al inicio del capítulo, hay alumnos que no tienen solo un diagnóstico. A veces se dan combinaciones como alta capacidad + TDAH + dislexia, o alta capacidad + autismo + ansiedad.

Estos perfiles complejos:

- Necesitan entornos **muy claros** y **muy flexibles** a la vez.
- Se saturan fácil, pero también se iluminan cuando algo les conecta.
- No aprenden "por partes": su aprendizaje es emocional, sensorial, profundo.

Aquí, más que nunca, el entorno hace la diferencia:

- Aulas con estímulos regulados (ni caóticos ni rígidos).
- Estructura clara: qué, cómo, cuándo, para qué.
- Opciones, pausas, validación emocional.
- Adultos que los vean sin miedo, sin pena, sin etiquetas.

Durante años nos dijeron que nuestro hijo era muy sensible, luego que era distraído, luego que no encajaba. Hasta que alguien nos dijo: es todas esas cosas… y también es brillante. Desde que empezamos a mirar todo su perfil, las piezas empezaron a encajar. Y él empezó a respirar.

–Ezequiel, padre de Nacho

Claves

Conceptos Principales

- La doble excepcionalidad combina alta capacidad con otros desafíos como TDAH, dislexia o autismo, generando perfiles complejos que suelen pasar desapercibidos.
- Estos alumnos necesitan entornos flexibles, seguros y personalizados que partan de sus fortalezas y atiendan sus dificultades, así como sus fortalezas, sin etiquetarlos.
- La clave está en observar sin prejuicios, adaptar con intención y acompañar con formación y sensibilidad docente.

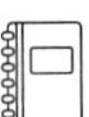

Recursos Útiles

A. Blog de Bea Sánchez
B. Sánchez, B. (2020). *Pues no se te nota: Camuflaje en autismo, altas capacidades y TDAH*. Editorial La Esfera de los Libros.

QR con recursos para descargar en página 254.

Por dónde empezar

- Observa a un alumno que parece "incoherente" en su rendimiento: ¿qué puede haber detrás?
- Ofrece una actividad con más de una forma de expresión.
- Habla con orientación: ¿tenemos casos sospechosos de doble excepcionalidad sin identificar?
- Haz una tutoría individual con un alumno que se siente "demasiado" o "insuficiente".
- Reflexiona con tu equipo: ¿qué podemos ajustar para mirar más y etiquetar menos?

BLOQUE 5.
Para crecer juntos

Capítulo 24.
Solo quiero que sea feliz

¿Y si lo estamos presionando demasiado?
¿No será mejor dejarle que sea niño?
¿Y si vamos tan rápido que se pierde algo por el camino?
¿Cómo acompaño su alta capacidad sin que se agobie... y sin que se aburra?
¿Qué significa realmente atender a niños y niñas con altas capacidades?

1. No hay contradicción: reto y bienestar van de la mano

Cuando un estudiante tiene alta capacidad, no basta con dejarle ser "un niño más".

No porque no lo sea. Claro que lo es. Pero **es un niño con una forma particular de ver el mundo, de sentir, de aprender, de preguntar, y de conectar ideas.**

Y si el aula —y el entorno— no acoge eso, se desconecta. No se trata de forzar. Se trata de ofrecer lo que necesita para **sentirse vivo por dentro,** no solo "adaptado por fuera", **"Lo importante es que sea feliz".**

Sí. Pero ¿qué es la felicidad para un niño con alta capacidad? A veces se nos olvida que **aprender, crear, retarse, explorar, pensar, compartir una pasión... también les hace felices.** Y cuando no pueden hacerlo, cuando se les pide que bajen el ritmo, que finjan que no saben tanto, que esperen, que no pregunten tanto... **esa felicidad desaparece.** Por eso, el reto no rompe la infancia. **La sostiene, cuando está bien ajustado.**

2. ¿Y si lo hacemos por hacer?

Hay veces que, como vimos en el capítulo de enriquecimiento, con la mejor intención del mundo, damos "cosas distintas" a estos alumnos sin pensar si eso les sirve de verdad. Les damos más tareas. Les damos una ficha diferente. Les pedimos que ayuden a otros. Y aunque parte de la buena voluntad, muchas veces **eso no enriquece ni acompaña. Solo les señala o les satura.**

Antes de ofrecer algo, conviene preguntarse:

- ¿Esto responde a lo que el alumno necesita, o a lo que creo que debo hacer?
- ¿Tiene valor pedagógico, o es solo por ocuparlo?
- ¿Le da un reto real? ¿Le ofrece autonomía, profundidad y conexión?

Porque no se trata de "hacer más cosas", sino de **hacer lo que necesita ese niño en ese momento.**

Y eso solo se sabe si antes se ha mirado, observado y escuchado.

3. Infancia e inmadurez

Muchas veces se confunde tener una mente brillante con ser maduro en todo... y no es así. Un niño con alta capacidad puede hablar de astrofísica como un adulto y, al mismo tiempo, llorar porque se le ha roto su lápiz favorito. Puede razonar a nivel científico y seguir necesitando un abrazo antes de dormir. Ese contraste entre lo que muestran y lo que sienten genera malentendidos y, muchas veces, soledad.

Acompañarlos bien significa no negar ninguna parte de ellos: ni exigirles como adultos ni tratarlos como si no supieran nada. No se trata de frenar su curiosidad ni de ignorar su vulnerabilidad. La clave es no elegir entre su talento y su infancia, sino aprender a sostener y equilibrar las dos cosas a la vez.

4. Cómo promover su desarrollo integral

Aquí tienes algunas ideas que pueden ayudarte a acompañarlos sin sobrecargarlos ni frenarlos:

- **Escucha lo que les mueve de verdad.** No todo reto es académico: a veces quieren crear, investigar, ayudar, conectar ideas, inventar guiados por sus intereses personales.
- **Respeta sus tiempos.** A veces avanzan muy rápido, otras necesitan parar. El ritmo lo marca su proceso, no tu programación.
- **Valida sus emociones sin juzgar.** Sus enfados, miedos o entusiasmo pueden parecer "desproporcionados". No lo son para ellos.
- **Ofréceles autonomía de forma progresiva.** No les impongas liderazgo si no lo desean, pero tampoco les obligues a seguir al grupo si pueden ir más allá.
- **Celebra sus avances** igual que harías con el resto: y recuérdales que no tienen que demostrar nada para ser valiosos.

Experiencia de aula en 6.° de Primaria - Ciencias

El grupo trabaja sobre el cuerpo humano.

Una alumna, Inés, empieza a investigar por su cuenta sobre la relación entre emociones y sistema inmunitario.

Su profe la observa y le propone: —"¿Te gustaría compartir eso con la clase en un formato que tú elijas?"

Inés responde: —"¿Puedo grabar un podcast con entrevistas a médicos?" Esa tarde llega a casa rebosante de ideas. Sus padres le ayudan a buscar colaboradores.

No fue solo un proyecto. Fue la primera vez que sintió que su pasión también tenía un lugar en el cole.

> *Durante un tiempo, tenía miedo de que le exigieran demasiado. Pero un día mi hijo me dijo: –"No es que me cueste estudiar. Es que me cuesta no poder aprender más cosas". Y entendí que el reto no era presión. Era justo lo que necesitaba para sentirse vivo y motivado.*
>
> *– Isabel, madre de Nacho*

5. ¿Y si no hacemos nada?

> *Antes me encantaba aprender. Hacía preguntas todo el tiempo, leía cosas que no salían en clase, pensaba en ideas que no venían en los libros. Pero en clase siempre me decían que esperara, que íbamos por partes, que no interrumpiera. Así que dejé de preguntar porque vi que molestaba. Dejé de intentarlo. Ahora saco buenas notas, pero solo hago lo que me piden. Nadie sabe lo que realmente me interesa. Hasta yo empiezo a dudarlo...*
>
> *–Marcos, 12 años*

A veces, sin querer, pensamos que no intervenir es una forma de respetar. "No hagamos nada, no vayamos a estropearlo"; que, si el alumno "va bien", "no molesta" o "saca buenas notas", no necesita nada especial. **Pero ignorar las necesidades de un alumno con alta capacidad no lo deja igual que estaba. Lo deja peor.**

Cuando un niño o niña siente que el aula no le ofrece desafíos, que su forma de aprender o de sentir no encaja, o que debe disimular para ser aceptado, empieza a desconectarse. Y esa desconexión no es solo académica. Es emocional.

Como ya hemos hablado a lo largo del libro, las **consecuencias más comunes** de no atender su potencial pueden ser:

- Baja autoestima ("No encajo", "Estoy fallando").
- Desmotivación y aburrimiento que se convierten en apatía o rechazo al aprendizaje.
- Comportamientos disruptivos o evitativos que no siempre se entienden.
- Autoexigencia desmedida o miedo al error.
- Camuflaje: dejar de brillar para ser aceptado.
- Fracaso escolar en casos extremos de desconexión prolongada.

Y no solo pierde ese alumno. **Pierden todos.**

Porque cuando no personalizamos el aprendizaje:

- El que va por delante se aburre.
- El que necesita más tiempo se frustra.

Y el grupo pierde la oportunidad de aprender a convivir con la diferencia.

No hacer nada también es una decisión. Y tiene consecuencias. Por eso, si este capítulo ha servido para algo, ojalá sea para dejar clara una idea: **no se trata de hacer más, sino de hacerlo con un propósito.**

> *Me gusta pensar. Me gusta inventar cosas. Pero a veces me canso de tener que hacerlo bien todo el rato. Mi profe me dijo que no tenía que hacerlo perfecto, solo disfrutar aprendiendo. Y me dejó hacer un proyecto sobre cómo funciona la energía del cuerpo. Ahora sé más... y también estoy muy contento.*
>
> *–Elías, 10 años*

Claves

Conceptos Principales

- Desarrollar su talento no es exigirles más, sino darles lo que necesitan para crecer con equilibrio, sin tener que dejar de ser niños para encajar.
- No intervenir también deja huella. La falta de respuesta o una intervención mal ajustada puede desconectarlos, limitar su desarrollo o hacerles sentir que deben apagarse para pertenecer.
- Personalizar es acompañar su momento vital, no solo su capacidad. El reto debe estar presente, pero sin presión; con espacio para equivocarse, explorar y sentirse comprendidos.

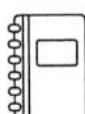

Recursos Útiles

A. Neihart, M. (2007). *El desarrollo social y emocional de los alumnos con altas capacidades*. Editorial Pirámide.
B. Guía rápida para valorar si una flexibilización es adecuada

QR con recursos para descargar en página 254.

Por dónde empezar

- Pregunta a un alumno: "¿Hay algo que te gustaría aprender aunque no esté en el libro?".
- Observa una actividad habitual y pregúntate: ¿A quién está retando de verdad? ¿A quién está dejando fuera?

Capítulo 25.

Ayudarles a conocerse, aceptarse y quererse

¿Cómo puedo ayudarle a confiar en sí mismo?
¿Y si no se acepta tal y como es?
¿Qué puedo hacer para que no se sienta diferente o extraño?
¿Por qué, si lo hace bien, no lo cree?
¿Cómo ayudo a mi hijo o alumno a entenderse mejor?

Carta de Tatiana, una alumna con alta capacidad

Ojalá no me sintiera extraña todo el tiempo.

A veces me gustaría que alguien me preguntara cómo estoy, no qué nota he sacado. Porque por fuera todo parece ir bien, pero por dentro... es otra cosa.

Me cuesta mucho explicar lo que pienso porque voy más rápido por dentro que por fuera, y eso me frustra. A veces no sé si soy demasiado o demasiado poco. Y me agobia equivocarme, porque siento que si fallo, decepciono.

Me esfuerzo por encajar, por no parecer diferente. Y a veces me callo cosas que me interesan solo para no parecer "la lista de clase".

No quiero que me pongan en un pedestal. Solo quiero sentir que puedo ser yo, sin tener que demostrar nada. Que está bien ser como soy, incluso cuando no sé cómo explicarlo.

1. Autoconocimiento: el punto de partida de todo

Lo que cuenta Tatiana no es una excepción. Muchos chicos y chicas con alta capacidad se sienten distintos, y no siempre en positivo. Por eso, **ayudarles a conocerse no es un extra. Es el punto de partida.**

El alumnado con alta capacidad necesita algo más que contenidos que le estimulen. Necesita entender quién es, cómo funciona su mente, cómo se relaciona con el mundo y cómo gestionar sus emociones.

> *Cuando entendí que pensar tanto no era un defecto, sino una parte de mí, me sentí menos solo.*
>
> — *Mario, 15 años*

Este proceso de autoconocimiento no empieza con un diagnóstico ni acaba con una etiqueta. Se construye poco a poco. Y lo que más les ayuda no es que les expliquemos lo que "tienen", sino que les acompañemos a descubrir lo que *son*.

2. Autoestima, autoeficacia y autorregulación

Estas tres dimensiones se entrelazan profundamente en su bienestar emocional y en su forma de aprender. Acompañarlas marca una gran diferencia.

Concepto	¿Qué es?	¿Cómo se trabaja?
Autoestima	Valorarse y aceptarse tal como uno es	Validar, escuchar, acompañar emociones, evitar comparaciones
Autoeficacia	Creer que puedo conseguir lo que me propongo	Proponer retos alcanzables, celebrar progresos, dar herramientas
Autorregulación	Gestionar emociones, impulsos, frustraciones	Rutinas de metacognición, espacios de reflexión, seguimiento cercano

Tabla 18. Algunas técnicas clave

Lo que me ayudó no fue que me dijeran "tú puedes con todo", sino que me enseñaran cómo organizarme y que estuvieran cerca cuando me frustraba.

— Nerea, 13 años

3. ¿Cómo hablar con ellos sobre sí mismos?

Hablar de su alta capacidad o de su forma de sentir no debería ser un momento aislado o excepcional. Al contrario, debe hacerse con sencillez, naturalidad y respeto. Algunas ideas para hacerlo mejor:

- Usa lenguaje ajustado a su edad y madurez.
- Habla desde lo que observas a diario, no desde lo que "sabes".
- Evita etiquetas cerradas.
- Refuerza su singularidad sin convertirla en exigencia.
- Invítalos a hablar de lo que les apasiona, no solo de lo que hacen bien.

Saber quiénes son no tiene por qué pesarles. Al revés, muchas veces es un alivio. Ponerle nombre a lo que sienten, entender cómo funciona su mente y ver que no están solos les ayuda a sentirse mejor, a entenderse y a dejar de sentirse raros.

4. El autorretrato de aprendiz

Una herramienta sencilla y muy poderosa: el autorretrato de aprendiz. Puede realizarse como ficha, póster, presentación, vídeo o conversación guiada.

¿Qué puede incluir?

- Lo que me interesa.
- Lo que se me da bien.
- Lo que me cuesta.
- Cómo me gusta aprender.
- Qué necesito de mi profe / familia.
- Qué me gustaría lograr.

Cuando mi hijo hizo su autorretrato de aprendiz, por primera vez dijo en voz alta que se sentía diferente, pero también especial. Nos ayudó a entenderle y a acompañarle sin tanta tensión.

— Madre de alumno de 6.º de Primaria

Experiencia de aula en 2.º ESO, Tutoría

La orientadora propone a los tutores una actividad sobre "cómo aprendo yo". Cada alumno debe escribir tres cosas que le ayudan a aprender, tres que le dificultan y una cosa que le gustaría cambiar.

Carlos, un alumno con alta capacidad que suele estar distraído, escribe:

"Aprendo mejor cuando no tengo que hacer lo mismo que todos porque sí. Me distraigo cuando no entiendo por qué hago algo. Me gustaría que me dejaran explicar lo que sé de otra forma."

El tutor lo comenta con él en una tutoría individual y adapta su próxima tarea para que pueda mostrar su aprendizaje con un vídeo.

Carlos sonríe: "Gracias por preguntarme. Me siento más yo".

Mi hija decía que no era como los demás. Que no pensaba igual. Que a veces se sentía rara. Empezamos a hablar de cómo piensa, de cómo siente. No como un problema, sino como parte de su forma de estar en el mundo. Y poco a poco, empezó a mirarse con otros ojos.

– Rafael, madre de Julia (9 años)

Acompañar emocionalmente a un alumno con alta capacidad es tan importante como proponerle un reto. Porque sin vínculo, sin seguridad y sin aceptación, el talento se apaga.

— Mónica, orientadora de Secundaria

Señales emocionales que conviene mirar

¿Está emocionalmente bien atendido un alumno con alta capacidad? Estas señales pueden ayudarte a detectar un posible desajuste:

- Se exige tanto que evita participar por miedo a equivocarse.
- Tiene reacciones desproporcionadas ante críticas o fallos.
- Se muestra perfeccionista hasta el bloqueo.
- Dice cosas como: "No valgo para esto", "Seguro que me sale mal".
- Se siente desconectado o aburrido constantemente.
- Tiene síntomas físicos antes de clase (dolores, insomnio).
- Camufla sus capacidades para pasar desapercibido.
- Muestra necesidad constante de aprobación adulta.

A veces, el mayor regalo que podemos hacerles no es un reto difícil, ni una explicación brillante. Es una conversación tranquila, una mirada que no les juzga y una voz que les dice: "Estás bien como eres".

Cuando se sienten vistos, comprendidos y aceptados, baja la presión. Y entonces, empiezan a sentirse bien en su propia piel.

Claves

Conceptos Principales

- No necesitan que les digamos quiénes son. Necesitan que les ayudemos a descubrirlo para entender cómo piensan y sienten y dejar de verse como "raros".
- Fomentar un desarrollo armónico y autorregulación adecuada es clave para su bienestar y desarrollo personal y académico.
- Acompañarles con escucha, naturalidad y sin invadir les ayuda a aceptarse y mostrarse sin miedo.

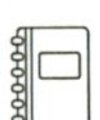

Recursos Útiles

A. Plantilla de autorretrato de aprendiz
B. https://altas-capacidades.es/hablar-de-altas-capacidades-debemos-decirselo/

QR con recursos para descargar en página 254.

Por dónde empezar

- Pregunta: "¿Qué te gusta de ti cuando aprendes?".
- Diseña una ficha breve de autorreflexión sobre cómo aprenden.
- Habla con las familias: acompaña desde la aceptación, no desde la exigencia.
- Escucha más allá del rendimiento.
- Recuerda: también tienen derecho a sentirse frágiles. A no brillar todo el tiempo.

Capítulo 26.
Inclusión real: el valor de ser diferente

¿Y si el grupo no acepta a quien es diferente?
¿Cómo explico la alta capacidad sin que parezca un privilegio?
¿Cómo trabajar la diversidad sin convertirla en un tema puntual?
¿Cómo hacemos para que todos se sientan parte sin tener que igualarse?
¿Qué actividades puedo hacer para sensibilizar al grupo clase?

Cuando alguien no entiende algo, todos le ayudan. Pero cuando soy yo la que sabe más, dicen que me lo tengo muy creído. A veces pienso que aprender rápido es un problema. Pero yo no elegí ser así. Solo quiero poder ser como soy… sin que parezca que eso está mal.

–Martina, 13 años

1. La diferencia no se tolera: se valora

La escuela inclusiva no es solo aquella que permite que todos estén, sino aquella que hace que todos se sientan valiosos en su diferencia.

La diferencia no debe explicarse como un problema a aceptar, sino como una realidad que enriquece, amplía miradas y enseña a convivir mejor. Y esto no se logra con un cartel de colores o un día al año de "celebrar la diversidad". Se logra con vivencias cotidianas, con ejemplos reales, con conversaciones que permanecen.

Cuando un grupo comprende que todos somos diversos, deja de mirar lo raro y empieza a buscar lo valioso.

> *Hay una frase que repito mucho al profesorado: cuando validamos las diferencias como parte de lo que somos, no hay que hablar tanto de inclusión. Porque ya está ocurriendo.*
>
> *– Sara, orientadora de un Centro de Primaria*

2. Sensibilizar al grupo: experiencias que transforman

Sensibilizar no es dar una charla. Es crear momentos que se vivan, se sientan y se piensen. Lo que deja huella no es lo que se explica, sino lo que se experimenta con otros.

Experiencia de aula | Tutoría en 4.° de Primaria

Durante una dinámica en la que cada alumno compartía "algo que le cuesta" y "algo que se le da bien", Paula dijo:

—"A mí se me da bien imaginar historias, pero a veces me lío al escribirlas."

Y Mario, que hasta entonces parecía desconectado, añadió:

—"Pues a mí se me da fatal imaginar cosas, pero escribo sin faltas. Podemos hacerlo juntos."

Ese día, sin hablar de inclusión, todos la entendieron.

Propuestas para el aula:

- Lectura compartida y reflexión sobre cuentos o historias de personas que piensan o aprenden diferente.
- Dinámicas cooperativas donde cada uno aporte algo único.

- Simulaciones de obstáculos invisibles: escribir con la mano no dominante, trabajar con cascos puestos, interpretar sin hablar…
- Crear juntos un mural de fortalezas: "Lo que admiro de ti es…".
- Proyecto de aula: "¿Qué necesito yo para aprender mejor?" → en parejas, después en grupo.
- Iniciar un proyecto de investigación sobre la diversidad en el aula.

Lo importante no es hacer una actividad "especial". Lo importante es integrar la diversidad en la vida diaria del aula, hasta que sea natural, no excepcional.

> *Cuando el alumnado entiende que no todos hacen lo mismo porque no todos lo necesitan, dejamos de escuchar el típico "¡profe, eso no es justo!". Hay que explicar el para qué de nuestras decisiones.*
> *– Fran, Jefe de Estudio de un Centro de Secundaria*

3. Educar en comunidad

Para que la diferencia se viva como riqueza, escuela y familias deben remar juntas. Las familias también necesitan comprender que el respeto a la diversidad no es una concesión, es un derecho.

> *Durante años pensé que si hablábamos de la alta capacidad de mi hijo los demás iban a pensar que nos creíamos mejores. Hasta que una profesora me dijo: "la diferencia no es algo que se presume, es algo que se cuida". Y cambió mi forma de verlo.*
> *– Trini, madre de José (10 años)*

Algunas ideas para comunidad educativa:

- Incorporar estos temas en tutorías grupales y reuniones familiares.

- Involucrar a las familias en proyectos del aula desde sus saberes, culturas o profesiones.
- Visibilizar en los espacios del centro (murales, blogs, pasillos) acciones reales sobre diversidad.

A veces solo hace falta que alguien escuche a ese alumno al que todos ven como "el raro". Y cuando ese alguien es el grupo, todo empieza a cambiar. La inclusión no empieza ni termina en el aula. Es una actitud de centro.

– Javier, Educador Social

Un día un alumno me preguntó por qué no todos hacían lo mismo. Le dije: —"Porque cada uno tiene una forma distinta de aprender. Y cuando cada uno hace su camino, podemos ver mejor quiénes somos".
Y él, después de pensarlo, dijo: —"Entonces es para que se vea lo que llevamos dentro, ¿no?".

– Isabel, profesora de Secundaria

Claves

Conceptos Principales

- La verdadera inclusión no es permitir estar, sino hacer que cada persona se sienta valiosa en su diferencia.
- Sensibilizar al grupo requiere experiencias compartidas que transformen la mirada desde lo vivido, no solo desde lo explicado.
- La inclusión se construye en comunidad: aula, familias y centro deben integrar la diversidad como parte natural del aprendizaje.

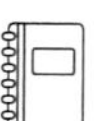

Recursos Útiles

A. Ruta para educar en la diferencia.

QR con recursos para descargar en página 254.

Por dónde empezar

- Abre una ronda donde cada alumno diga algo que le gusta de cómo aprende otro.
- Haz una actividad donde cada uno comparta qué necesita para aprender mejor.
- Inicia una lectura breve sobre diversidad y genera una conversación.
- Crea un mural de aula con la frase: "Lo que me hace único también me hace parte".
- Pregunta a tu alumnado: "¿Qué podemos hacer para que todos se sientan bien aquí?"

BLOQUE 6.
Claves para un desarrollo integral de la alta capacidad

Una mirada práctica y profunda sobre los aspectos que ayudan al alumnado con alta capacidad (y a todo el alumnado) a aprender de forma más consciente, autónoma y armónica.

Capítulo 27.
Funciones ejecutivas: motor silencioso del aprendizaje

¿Por qué si sabe tanto, luego se bloquea con tareas simples?
¿Por qué empieza con entusiasmo y luego se dispersa o se frustra?
¿Cómo puedo ayudarles a organizarse mejor sin hacerles yo todo?
¿Es normal que le cueste tanto planificarse si tiene tanta capacidad?
¿Cómo enseño a pensar en el proceso, no solo en el resultado?

1. ¿Qué son las funciones ejecutivas (y por qué importan tanto)?

Las funciones ejecutivas son el conjunto de habilidades cognitivas que nos permiten **planificar, organizar, mantener la atención, manejar emociones, controlar impulsos y adaptarnos a los cambios.** Son, en esencia, el "cerebro director de orquesta": el sistema que hace que todo lo demás funcione de forma armoniosa.

Si el contenido curricular es **el qué,** las funciones ejecutivas son **el cómo.**

Desde el enfoque de **José Antonio Marina**[1], podríamos decir que las funciones ejecutivas forman parte de la **inteligencia ejecutiva:** esa parte de la mente que **decide cómo actuar, elige metas** y **organiza los medios para alcanzarlas.** Educar esta inteligencia es educar la voluntad, la perseverancia y la capacidad de aprender a aprender.

2. Por qué debe entrenarse en todo el alumnado

Porque **no basta con tener talento o saber mucho,** si no se sabe cómo gestionar ese conocimiento. Y esto aplica a todos los alumnos, pero especialmente a aquellos con alta capacidad, ya que:

- A menudo aprenden rápido, pero sin desarrollar estrategias de planificación.
- Se frustran más fácilmente cuando algo no les sale a la primera.
- No toleran el error o el desorden en su cabeza.
- Su potencial puede verse limitado si no desarrollan estas habilidades.

Además, las funciones ejecutivas **no son innatas:** se entrenan. Y entrenarlas **beneficia a todo el grupo,** no solo a quienes presentan dificultades.

> *Una educación eficaz no es la que transmite muchos conocimientos, sino la que enseña a usarlos bien.*
>
> *– Marina, Orientadora*

1 Marina, J. A. (2012). *La inteligencia ejecutiva*. Ariel.

3. Manifestaciones de los desafíos en funciones ejecutivas

- Parece desorganizado, pierde cosas, olvida instrucciones.
- Tiene ideas brillantes, pero no sabe por dónde empezar.
- Se bloquea con tareas abiertas o de varios pasos.
- Es muy exigente consigo mismo y se frustra con facilidad.
- No sabe cómo gestionar su tiempo: o va muy rápido, o no termina nunca.

Experiencia de aula en 5.º Primaria, Ciencias

Lucía, 5.º de Primaria, propone una idea genial para un cartel sobre cambio climático. Pero cuando llega el momento de planificarlo, se queda paralizada. "No sé cómo empezar", dice. La profe la acompaña con una plantilla de pasos, y Lucía, poco a poco, avanza. No era falta de ideas: era falta de estructura.

4. Cómo podemos ayudarles a entrenarlas en el aula

Estrategias por función ejecutiva:

1. Memoria de trabajo

- Retener información breve mientras se actúa.
- Juegos tipo "Simon dice", "Repíteme la secuencia".
- Escribir los pasos de una tarea en la pizarra y tacharlos al completarlos.

2. Planificación y organización

- Ordenar ideas y estructurar acciones.
- Plantillas semanales con objetivos claros.
- Antes de una tarea: "¿Qué necesitas hacer primero? ¿Y después?".
- Tiempo de planificación al principio, revisión al final.

3. Control inhibitorio

- Frenar impulsos, esperar turnos.
- Juegos con normas de autocontrol.
- Rutinas para hablar por turnos, entrenar la espera activa.

4. Flexibilidad cognitiva

- Adaptarse al cambio y generar alternativas.
- Retos con normas que cambian.
- Preguntas como: "¿Se te ocurre otra forma de hacerlo?".

5. Autorregulación emocional

- Reconocer y gestionar emociones.
- Tarjetas de "me estoy agobiando", semáforos emocionales.
- Frases tipo: "Hoy hemos probado, no fallado".
- Espacios tranquilos de desconexión breve.

Marina recuerda que educar la inteligencia ejecutiva es también **educar el carácter,** es decir, ayudar a los alumnos a convertir su inteligencia en conducta eficaz. Por eso, estas estrategias no son solo recursos pedagógicos: **son oportunidades para fortalecer su autonomía, su voluntad y su ética del esfuerzo.**

Por otro lado, siguiendo la propuesta de Antonio Márquez Ordoñez[2], de "infusionar", podemos aplicarlo a las funciones ejecutivas con el currículo, integrándolas en nuestras unidades didácticas, situaciones de aprendizaje o proyectos, sin separarlas como contenidos aislados. Esto nos permite atender la diversidad del aula desde una programación más rica, ajustada y consciente, donde aprender a planificar, regularse o mantener la atención no se enseña aparte, sino desde dentro de las tareas y retos reales del día a día. Porque educar las funciones ejecutivas no es añadir algo más: es enseñar mejor.

2 Antonio Márquez Ordóñez es docente, formador y especialista en inclusión educativa y DUA. Su propuesta de "infusionar" el currículo consiste en integrar los apoyos específicos en la programación ordinaria, para atender mejor a la diversidad sin segregar ni sobrecargar.

Mi hijo tenía un talento increíble para las ciencias, pero nunca entregaba nada a tiempo. Le decían que era vago, pero en casa lo veíamos angustiado. Cuando empezaron a enseñarle a organizarse, no solo mejoró en clase: también empezó a creer más en sí mismo.

– Alejandra, madre de Pedro (12 años)

Antes pensaba que planificar era solo para los que lo necesitaban. Ahora entiendo que todos aprenden más y mejor cuando tienen una estructura. Las funciones ejecutivas deberían trabajarse desde el primer día.

– Jose, profesor de Secundaria

Yo creía que pensar era solo tener ideas. Pero cuando aprendí a organizarme, descubrí que también podía acabar lo que empiezo. Ahora me siento más capaz.

– Gonzalo, 15 años, 3.º ESO

Claves

Conceptos Principales

- Las funciones ejecutivas son esenciales para transformar el talento en aprendizaje real, porque organizan, regulan y dan dirección a todo lo que hacemos.
- No basta con enseñar contenidos: hay que enseñar a planificar, regularse y sostener el esfuerzo. Educar las funciones ejecutivas es educar la autonomía y la competencia de aprender a aprender.
- Integrar el trabajo sobre funciones ejecutivas en el currículo permite atender mejor a la diversidad sin añadir carga extra.

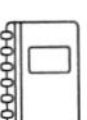

Recursos Útiles

A. Recursos del Blog de Elsa González. https://elsapiensa.com/
B. Mini guía visual: ¿Qué son las funciones ejecutivas y cómo se manifiestan?
C. Marina, J. A. (2005). *La inteligencia ejecutiva: Qué es y cómo desarrollarla*. Editorial Ariel.

QR con recursos para descargar en página 254.

Por dónde empezar

- Diseña una hoja visual de planificación.
- Deja cinco minutos al final de clase para que cada alumno reflexione sobre "qué he hecho bien" y "qué puedo mejorar".
- Empieza una tarea compleja preguntando en voz alta: "¿Qué haríais primero?".
- Utiliza un juego de lógica con normas que cambian para entrenar la flexibilidad cognitiva.
- Cuelga la frase: "Aquí no se falla: aquí se prueba".
- Comparte con las familias una miniguía visual de funciones ejecutivas y cómo pueden reforzarse en casa.

Capítulo 28.

Metacognición: aprender a pensar sobre cómo aprendemos

¿Por qué le cuesta explicar cómo ha llegado a esa respuesta?
¿Y si no sabe cómo empezar una tarea nueva?
¿Cómo enseño a mis alumnos a pensar de forma más estratégica?
¿Qué puedo hacer para que valoren el error como parte del proceso?
¿Esto también es útil para alumnos con alta capacidad, que ya aprenden bien?

A veces no sé cómo he hecho algo. Solo sé que me ha salido. Pero cuando me equivoco o no entiendo, me bloqueo. No sé por qué me pasa ni qué hacer para cambiarlo. Me gustaría que me enseñaran a pensar mejor, no solo a hacerlo bien.

–Daniel, 11 años

1. ¿Qué es la metacognición?

La metacognición es la capacidad de tomar conciencia de los propios procesos mentales, planificar cómo abordar una tarea, supervisarse mientras se realiza y reflexionar después sobre cómo se ha hecho y qué se ha aprendido.

Dicho de forma simple: es pensar sobre cómo pienso, cómo aprendo y cómo me siento cuando aprendo.

2. Por qué es especialmente relevante para el alumnado

Porque tienden a aprender rápido, pero a menudo de forma automatizada. Eso les funciona… hasta que se encuentran con una tarea compleja o una frustración inesperada. En ese momento, necesitan **herramientas para comprender, regular y ajustar su pensamiento.**

Trabajar la metacognición les ayuda a:

- Evitar el autosabotaje por perfeccionismo.
- Fomentar la autorregulación y el aprendizaje autónomo.
- Valorar el error como parte natural del proceso.
- Aprender a explicar su propio razonamiento (y ayudar a otros, con ello).
- Desarrollar pensamiento estratégico y flexible.

3. Cómo se puede trabajar la metacognición en el aula

No hace falta convertirla en una asignatura. La clave está en **integrarla de forma breve, sencilla y habitual** en cualquier tarea, conversación o momento del día.

Antes de empezar una tarea:

- ¿Qué sabes ya sobre esto?
- ¿Qué crees que te puede costar más?
- ¿Qué vas a hacer si te atascas?

Durante la tarea:

- ¿Cómo vas? ¿Te está funcionando lo que planeaste?
- ¿Puedes explicarme cómo estás pensando?
- ¿Qué harías distinto si empezaras ahora?

Al terminar:

- ¿Qué has aprendido que no sabías?
- ¿Qué parte te ha gustado más / menos?
- ¿Cómo sabrías que lo has hecho bien?

4. Crear una cultura de aula metacognitiva

Para que la metacognición forme parte del día a día, es importante **normalizarla en el lenguaje y las rutinas del aula.** Algunas ideas prácticas:

- Introduce frases tipo "Antes pensaba que... ahora pienso que...".
- Usa fichas de autorreflexión al terminar tareas abiertas o proyectos.
- Reserva un "minuto metacognitivo" al final de la clase.
- Modela tu propio pensamiento como docente: "Yo ahora me estoy preguntando si esto es la mejor forma de resolverlo...".
- Da tiempo para pensar antes de responder: "Haz una pausa de pensamiento antes de contestar".

Experiencia de aula en Primaria – Ciencias Sociales

La clase acaba de terminar una investigación sobre los ecosistemas. Antes de corregir, la maestra reparte tarjetas con frases como: "¿Qué estrategia has usado para buscar la información?" o "¿Qué te ayudó a entender mejor el tema?". Después, los niños las comparten por parejas y completan una ficha de "Lo que he aprendido y cómo".

Experiencia de aula en Secundaria – Historia

Tras un debate sobre las causas de la Revolución Francesa, el profesor propone: –"Vamos a escribir dos frases: una con lo que pensabais al empezar la clase, y otra con lo que pensáis ahora. ¿Qué habéis descubierto o cambiado de opinión?".

Luego recogen esas frases en un mural de aula: "*Así evoluciona nuestro pensamiento*".

> *Antes hacía las cosas sin pensar. Ahora me paro a ver qué me ha salido bien y qué puedo mejorar. Y eso me da más seguridad.*
>
> *–David, 13 años, 2.º ESO*

> *Cuando empecé a usar rutinas metacognitivas, noté que mis alumnos hablaban más de cómo piensan, no solo de lo que saben. Y eso ha cambiado su forma de aprender.*
>
> *– Miriam, profesora de Lengua y Literatura*

> *Mi hija ha empezado a preguntarse por qué le cuesta concentrarse. Me encanta que no se quede solo con el "me ha salido bien" o "me ha salido mal". Ahora reflexiona.*
>
> *– Paco, padre de Marta (11 años)*

Claves

Conceptos Principales

- La metacognición permite al alumnado tomar conciencia de cómo piensa, aprende y se enfrenta a los retos.
- Enseñar a pensar estratégicamente mejora la autonomía, la autorregulación y la capacidad de aprender de los errores.
- Incluir rutinas breves de reflexión antes, durante y después de la tarea transforma la forma de aprender sin añadir carga al aula.

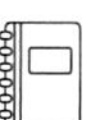

Recursos Útiles

A. Guía de Metacognición.
B. https://investigaciondocente.com/2025/01/02/metacognicion-en-el-aula-ideas-para-infantil-primaria-y-secundaria/

QR con recursos para descargar en página 254.

Por dónde empezar

- Elige una rutina metacognitiva y practícala durante una semana.
- Pide a tus alumnos que escriban cómo han pensado, no solo qué han hecho.
- Comparte una de tus propias reflexiones como docente al cerrar la clase.
- Crea un espacio visible en el aula para frases tipo: "Hoy he aprendido que…".
- Comenta con familias la importancia de valorar el proceso, no solo el resultado.

Capítulo 29.
Aprender a aprender

¿Y si va bien en clase, pero no sabe estudiar?
¿No debería aprender a aprender antes que memorizar sin sentido?
¿Por qué si se lo sabía ayer, hoy lo ha olvidado todo?
¿Estas técnicas sirven para todos, o solo para quienes tienen dificultades?
¿Cómo enseño a estudiar si yo tampoco aprendí a hacerlo bien?

Mi hijo siempre fue rápido aprendiendo. Nunca necesitó estudiar mucho. Pero ahora, en Secundaria, se atasca con los exámenes. No sabe cómo organizarse, se bloquea, se frustra. Dice que antes era "listo" y ahora ya no. Pero no es que no pueda: es que nadie le ha enseñado a aprender.

– Conchi, madre de Antonio Luis (14 años)

1. Por qué es tan importante enseñar a aprender

Porque muchos alumnos con alta capacidad **no han necesitado estrategias de estudio** durante años… y cuando el nivel sube (o la vida se complica), no saben por dónde empezar. También porque a veces confunden rapidez con profundidad, y no siempre aprenden de forma duradera.

Saber mucho no es lo mismo que saber cómo aprender. Y enseñar a estudiar no es solo enseñar para el examen. Es enseñar para la vida.

Y lo más importante: **estas técnicas son buenas para todos,** pero especialmente para quienes quieren aprender de manera significativa, autónoma y eficaz.

Estas estrategias no son solo para quienes tienen dificultades. Son una herramienta poderosa para todo el alumnado. Porque todos pueden aprender a aprender.

2. Técnicas eficaces de aprendizaje

Son estrategias que la investigación científica ha demostrado que funcionan para consolidar el aprendizaje a largo plazo. No son trucos rápidos ni fichas bonitas, sino hábitos mentales potentes y duraderos.

Técnica	¿En qué consiste?	Ejemplo en el aula
Recuperación activa (Evocación)	Recordar sin mirar apuntes. Obligarse a recuperar lo aprendido desde la memoria fortalece las conexiones cerebrales y mejora la retención.	"Cierra el cuaderno y escribe todo lo que recuerdes del tema de hoy"
Práctica espaciada	Distribuir el estudio en varios días, dejando tiempo entre sesiones. Esto obliga al cerebro a "revisitar" lo aprendido, fortaleciendo la memoria a largo plazo.	"Hoy repasamos lo que vimos el lunes y lo volveremos a revisar el viernes"
Elaboración	Pensar sobre lo que estás aprendiendo dándole significado. Conectar lo nuevo con conocimientos previos o explicarlo con tus palabras. Cuanto más significado le damos a lo que aprendemos, mejor lo integramos.	"Explica este concepto como si se lo contaras a un niño pequeño"

Técnica	¿En qué consiste?	Ejemplo en el aula
Organización visual	Representar la información de forma gráfica (esquemas, mapas, tablas). Nos obliga a seleccionar, categorizar y jerarquizar la información, lo cual profundiza la comprensión.	"Haz un mapa mental después de leer el texto de Ciencias"
Enseñar a otros	Explicar lo aprendido a alguien más. Al hacerlo, detectamos lagunas y consolidamos lo que realmente entendemos.	"Graba un vídeo corto explicando un problema de Matemáticas"

Tabla 19. Algunas técnicas clave

3. Cómo enseñar estas técnicas en clase

- Hazlas visibles: pégalas en la pared, úsalas como parte de tu lenguaje habitual.
- Modélalas tú primero: haz una recuperación activa en voz alta. Esquematiza delante del grupo.
- Entrénalas sin dramatismo: no hace falta que lo hagan perfecto. Se trata de practicar, no de dominarlo todo a la primera.
- Evita los mitos: no todas las técnicas que parecen "visuales" o "creativas" son eficaces. Que algo "motive" no significa que funcione.

Hoy vamos a repasar con práctica espaciada. Ya trabajamos esto el lunes, pero ahora lo veremos con nuevos ojos. Cerramos el libro, lo evocamos, lo reconstruimos y luego lo afinamos.

– Marcos, profesor de Física

Experiencia de aula en Secundaria – Lengua Castellana

Después de trabajar los textos expositivos, la profesora propone: "Ahora vais a grabar un audio explicando con vuestras palabras cómo se organiza este tipo de texto. Podéis hacerlo individual o en parejas. Lo importante no es repetir lo del libro, sino hacerlo vuestro."

Experiencia de aula en Primaria – Ciencias Naturales

La clase acaba de estudiar los ecosistemas. La maestra dice: "Vamos a hacer una 'lluvia de ideas' sobre lo que recordamos. Pero esta vez, cada grupo deberá organizar la información por temas. Luego lo ponemos en un mural. Eso nos ayudará a ver lo que sabemos… ¡y lo que necesitamos repasar!"

> *Antes estudiaba leyendo y ya. Ahora hago esquemas y me grabo explicándolo. Me doy cuenta de si lo entiendo de verdad.*
>
> *– Andrés, alumno de 1.º de ESO*

> *Al principio pensaba que enseñar técnicas me quitaría tiempo de contenido. Ahora veo que ganamos más: entienden mejor y necesitan menos repeticiones.*
>
> *– Sergio, profesor de Matemáticas*

> *Mi hija decía que no sabía estudiar. Pero no era cierto. Nadie le había enseñado a estudiar bien. Ahora se siente más capaz y más tranquila.*
>
> *– Rubén, madre de Luz María (10 años)*

Claves

Conceptos Principales

- Cuando enseñamos a estudiar, no enseñamos solo para un examen. Enseñamos para la vida.
- Aprender a aprender es enseñar a organizar, comprender y consolidar lo aprendido, no solo a memorizar.
- Las técnicas de estudio eficaces, como la evocación o la práctica espaciada, mejoran el aprendizaje para todo el alumnado.
- Enseñar estas estrategias desde el aula da seguridad, autonomía y sentido al proceso de aprender.

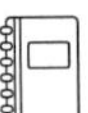

Recursos Útiles

A. Infografía
B. Ruiz Martín, H. (2020). *¿Cómo aprendemos? Una aproximación científica al aprendizaje y la enseñanza*. Editorial Graó.
C. Fernández, J. (2024). *En blanco: Cómo focalizar la atención, la memoria y la motivación para aprender*. Plataforma Editorial.

QR con recursos para descargar en página 254.

Por dónde empezar

- Introduce una mini sesión de recuperación activa al final de cada clase.
- Pide que expliquen el tema de hoy a un compañero, un familiar… o incluso a su mascota.
- Elige una técnica eficaz por semana y pruébala con el grupo.
- Habla con las familias: cuéntales qué técnicas estáis usando y por qué.
- Invita a tus alumnos a identificar qué técnica les ha ayudado más esta semana y por qué.

EPÍLOGO: Hacia dónde vamos

Construyendo aulas para todos

A lo largo de estas páginas, hemos recorrido juntos un camino lleno de retos, aprendizajes y, sobre todo, de posibilidades. Hemos hablado de las altas capacidades, de sus necesidades únicas y de cómo las aulas pueden convertirse en espacios donde todos los alumnos —cada uno con su ritmo, sus talentos y sus desafíos— puedan florecer.

Porque, al final, la esencia de la educación no está en enseñar lo mismo a todos, sino en aprender a mirar a cada alumno como un ser único, con su propio potencial. Y esa mirada no solo transforma la vida de los estudiantes; también transforma la forma en que enseñamos, nos relacionamos y, sobre todo, entendemos nuestra labor como docentes y como familias.

El aula diferenciada y multinivel no es solo una estrategia pedagógica. Es una declaración de principios. Es creer que la diversidad no es un obstáculo, sino una riqueza. Es confiar en que, cuando abrimos espacio para que cada alumno avance desde donde está, el aprendizaje se convierte en algo más profundo, auténtico y significativo.

Sí, atender a la diversidad puede parecer complejo. A veces incluso abrumador. (¿Da miedo? ¿Nos hace dudar?). Pero cuando damos el primer paso, cuando empezamos a escuchar, observar y adaptar, descubrimos algo poderoso: **no estamos solos.** Hay herramientas. Hay caminos. Y, sobre todo, hay personas: compañeros docentes, familias comprometidas y, por supuesto, nuestros alumnos, que son los grandes aliados en este viaje.

A ti, que has llegado hasta aquí, queremos darte las gracias. Por tu interés. Por tus ganas de aprender. Por creer que se puede hacer de otra manera.

Este libro no pretende dar respuestas cerradas. Solo ofrecer un punto de partida. Nuestra esperanza es que sus ideas y propuestas te inspiren a experimentar, a equivocarte y a seguir caminando con la certeza de que **cada pequeño gesto suma.**

Imagina por un momento el aula que todos soñamos: donde los estudiantes más avanzados encuentran retos y también la oportunidad de liderar y compartir. Donde quienes más lo necesitan no se sienten rezagados, sino acompañados y valorados. El aula donde cada niño y cada niña mira hacia adelante con confianza, sabiendo que tiene un lugar, un propósito y alguien que cree en ellos. Esa aula es posible. Y empieza contigo, conmigo, con cada uno de nosotros.

El futuro de la educación no se construye con fórmulas mágicas ni soluciones instantáneas. Se construye con decisiones cotidianas, con cada ajuste en nuestras clases, con cada conversación con una familia, con cada vez que elegimos mirar con más atención.

Y nosotras creemos que tú puedes.

Gracias por soñar con nosotras este nuevo modelo educativo. Gracias por atreverte a construir aulas más inclusivas, más personalizadas y más humanas.

El camino no siempre será fácil. Pero no estás solo. Juntos podemos construir las aulas que nuestros alumnos merecen.

Porque cada niño y cada niña tiene algo extraordinario que ofrecer al mundo. Y nosotros, como educadores y familias, tenemos el privilegio de ayudarles a descubrirlo.

Sigamos aprendiendo juntos.

Nota final para el lector

Sabemos que quizá ahora sientes que hay muchas cosas que hacer. Que has leído con ganas, con emoción… y también con un poco de vértigo.

No estás sola. No estás solo.

Este libro no está para que lo apliques todo, ni para que te conviertas en experta/o de un día para otro.

Está para acompañarte. Para darte ideas, apoyo y dirección.

Empieza por lo que puedas. Por lo que más te resuene.

El primer paso no tiene que ser perfecto, solo tiene que ser tuyo.

Gracias por estar ahí.

Gracias por mirar con una nueva luz a tus alumnos, a tus hijos... y a ti.

Así podría ser. Un día en un aula donde todos cuentan

Queríamos terminar este libro con una mirada posible. No utópica, sino alcanzable. Así podría ser un aula como la que soñamos. Y como la que tú puedes empezar a construir...

Un día en mi aula: aprender juntos, cada uno a su ritmo

El aula está en silencio. Pero no es ese silencio rígido de las normas impuestas, sino uno lleno de vida interior: concentración, creatividad, pequeñas conversaciones que surgen entre compañeros que se escuchan y se respetan. Aquí, cada alumno tiene su espacio, su ritmo... y su momento.

Mientras ajusto la pizarra digital, observo cómo llegan los estudiantes. Lucía entra con su entusiasmo habitual, deseando enseñarme cómo ha conectado su investigación sobre los agujeros negros con una reflexión filosófica sobre el tiempo. Diego, que hasta hace poco se aislaba, hoy se sienta junto a Adrián para revisar su presentación sobre los ríos de España. Sé que lo trabajó anoche con su madre, y ahora quiere compartirlo primero con un compañero antes de mostrárselo al grupo. Esa es su forma de ganar seguridad.

Hoy trabajamos en formato multinivel. Cada actividad tiene varios niveles de complejidad, y los alumnos eligen el que sienten que les reta sin bloquearlos. Algunos usan guías visuales o audios grabados. Otros van más allá con desafíos abiertos. Incluso hay quien adapta el producto final para explicarlo con una maqueta o una animación: **permitir elegir cómo mostrar lo aprendido es ya una forma de personalizar.**

En Ciencias Sociales, por ejemplo, diseñan mapas interactivos. Diego representa los ríos principales y su localización básica. Lucía elabora un modelo que relaciona la geografía con flujos migratorios históricos. En un nivel intermedio, algunos analizan cómo los ríos afectan a la economía local. Todos trabajan sobre lo mismo, pero desde donde están. Y eso cambia todo.

La evaluación es continua, compartida, formativa. Esta semana revisamos juntos las rúbricas: valoramos tanto el contenido como el proceso, la reflexión, la colaboración. Jorge, que necesita más ayuda para organizarse, sigue una ruta de mini-hitos que le ayudan a no perderse. Inés, muy creativa pero con dificultades para verbalizar sus ideas, utiliza ilustraciones para expresar su historia de ficción. Desde que le dimos esa opción, ha ganado confianza. Cada uno avanza a su modo.

En Matemáticas, usamos estaciones de aprendizaje. Una manipulativa, otra digital, otra creativa. Mario y Jorge se sientan en la tecnológica. Mario descubre una estrategia nueva y se la explica a su compañero con una claridad que me emociona. La ayuda mutua no se impone, surge cuando hay confianza y respeto.

Cerramos el día con una reflexión compartida. Cada uno elige qué quiere contar: un logro, una idea, un error del que ha aprendido. Sofía, que antes apenas hablaba en público, se lanza a explicar cómo resolvió un reto difícil. Todos la aplauden. No por la respuesta perfecta, sino por atreverse. **Aquí no se compite: se crece en comunidad.**

Cuando el aula queda vacía, recojo entre proyectos, ideas y diarios de aprendizaje. Y me siento afortunada. Porque, aunque a veces parezca complejo, **este tipo de aula no es una utopía: es una decisión educativa y humana.** Una que transforma todo.

Un día en mi aula de Tecnología

Hoy es martes, y como siempre, entro al aula de 3.º ESO con esa mezcla de energía y caos que solo da la creatividad en acción. En Tecnología, el aula nunca está en silencio. Pero no hace falta: **la emoción de los alumnos es el mejor indicador de que aquí se está aprendiendo.**

Estamos en la fase de prototipado del proyecto del trimestre: **diseñar un dispositivo que resuelva un problema cotidiano.** Cada grupo parte de un reto elegido por ellos. La clase está dividida en zonas: diseño gráfico, taller de ensamblaje, y estación de simulación 3D.

Ángela y Mario llegan emocionados: trabajan en una mochila con cargador solar para dispositivos. Mario, que necesita una estructura clara para organizarse, se apoya en una rúbrica por fases. Le ayuda a saber qué toca en cada momento y cómo avanzar sin frustrarse. Ángela explora nuevas soluciones para la orientación de los paneles. Aprender en equipo, desde fortalezas distintas, les hace imparables.

En otra esquina, Álvaro —con un perfil muy avanzado— trabaja con Andrea en un carrito automatizado. Él diseña los sensores. Ella, que al principio se veía como "poca cosa" en tecnología, aporta el diseño estético y la narrativa de uso. **Gracias al enfoque por talentos, ambos encuentran su lugar y se enriquecen mutuamente.**

Mientras tanto, Clara y Rubén construyen una lanzadora de pelotas. Clara utiliza instrucciones visuales y registra su trabajo en el diario de proyecto, algo que le permite estructurar su pensamiento y preparar su exposición. Rubén, apasionado del deporte, se encarga de la parte técnica. Aquí, la diversidad no se nota: **se vive como normalidad.**

La evaluación es un proceso vivo. Cada grupo tiene una tabla de objetivos personalizada. Durante la clase, paso con mi tablet recogiendo evidencias, haciendo observaciones que luego compartiremos en tutoría individual. Las rúbricas no son para poner nota: son herramientas de mejora compartida.

Hoy, antes de irnos, hacemos una dinámica rápida de "microexposiciones": cada grupo muestra en dos minutos sus avances y recibe sugerencias de los compañeros. Juan propone a Clara usar sensores de proximidad. Ángela sugiere a Andrea mejorar la resistencia de su base. La colaboración no se impone: nace del respeto mutuo y el entusiasmo compartido.

Cuando suena el timbre, aún hay quien quiere quedarse. Les recuerdo que descansar también es parte del proceso creativo. Miro el aula: mesas llenas de planos, piezas a medio montar, ideas flotando en el aire. Y sé que **aunque no todos serán ingenieros, todos han sentido que hoy podían crear, pensar y decidir.** Y eso ya es un logro inmenso.

Cierre

Porque **sí, este tipo de aula es posible.** Y no requiere magia, solo decisión, formación, colaboración y una mirada que diga: "Tú cuentas. Tus ideas cuentan. Vamos a aprender juntos".

Quizá no seamos perfectas. Pero sabemos que cuando una clase se transforma, también lo hace el futuro de quienes aprenden en ella. **Gracias por soñar con nosotras. Ahora te toca a ti.**

Guía rápida de implementación

Si eres tutor/a o profesor de grupo

- **Observa y registra:** dedica unos minutos a identificar qué alumnos podrían tener alta capacidad o alto potencial (aunque no estén identificados). Anota también aquellos chicos y chicas que parecen lidiar con algún desafío (académico, social o emocional).
- **Da opciones:** ofrece dos formas distintas de hacer una tarea. Aunque sea pequeña.
- **Usa la metacognición:** cierra una actividad con dos preguntas tipo "¿Qué has aprendido sobre ti haciendo esto? y ¿qué te gustaría aprender más sobre este tema?".

Si eres profesor de asignaturas específicas (ESO / Bachillerato)

- **Revisa tus tareas:** ¿hay margen para que los alumnos profundicen, conecten o elijan?
- **Lanza una pregunta poderosa** al iniciar la clase.
- **Detecta talentos silenciosos:** ese alumno que conecta ideas, que va por delante, que no siempre participa pero se le ve pensar diferente.

Si eres orientador/a

- **Asegura** que se **identifiquen perfiles diversos** de AACC (no solo los más brillantes académicamente). También de otras neurodivergencias y perfiles "combinados".

- **Acompaña a los docentes** con recursos realistas y apoyo emocional.
- **Da** visibilidad a la alta capacidad como parte de la diversidad.
- **Promueve** tiempos y espacios para el **enriquecimiento.**

Si eres director/a de un centro educativo

- **Crea cultura, no solo medidas:** fomenta una mirada compartida sobre la alta capacidad y la atención a la diversidad como parte del proyecto educativo.
- **Acompaña a tu equipo:** ofrece formación, tiempo y confianza para que los docentes puedan poner en marcha pequeñas transformaciones.
- **Visibiliza y normaliza:** da espacio en claustros, reuniones o proyectos al alumnado con alta capacidad desde un enfoque inclusivo y respetuoso.
- **Cree en lo posible:** una sola decisión tuya puede abrir caminos para muchos. Apuesta por equipos impulsores, por prácticas que inspiran, por personas que contagian ganas.

Si eres madre, padre o familiar

- **Confía en lo que ves:** tu mirada es clave para detectar lo que tu hijo/a necesita.
- **Habla con el cole** desde la colaboración, no desde la exigencia.
- **Pregunta en casa:** *"¿Qué te gustaría aprender más allá de lo que haces en clase?"*.
- **Acompáñalo emocionalmente en su diferencia.** No tiene que encajar, tiene que florecer.

Y para todos...

El cambio no empieza cuando sabemos todo.

Empieza cuando hacemos algo diferente con lo que ya sabemos.

Preguntas y respuestas

Este breve capítulo no pretende dar respuestas definitivas. Más bien, busca abrir un espacio para la empatía, el diálogo y la colaboración. Porque atender las altas capacidades no es solo una cuestión de estrategias o recursos, sino de corazones dispuestos a escuchar, aprender y sumar esfuerzos. Cuando familias y docentes trabajamos juntos, dejamos de ser partes aisladas de una ecuación para convertirnos en un equipo con un propósito común.

Gracias por atreverte a recorrer este camino con nosotras.

¿Qué ocurre si no se atienden las necesidades de un alumno con alta capacidad? (familias)

Cuando no se atienden, el daño no es solo académico. Pueden desconectarse, inhibirse, perder autoestima, desarrollar ansiedad o incluso somatizar su malestar (dolores de cabeza, de tripa, insomnio…). No atender no es neutral: tiene consecuencias reales. Y no basta con buena voluntad. Necesitan una respuesta educativa consciente, respetuosa y adaptada. Escuchar, acompañar y ofrecer un reto adecuado puede marcar la diferencia en su bienestar y su futuro.

¿Cómo puede el equipo directivo impulsar que la atención a la alta capacidad sea parte de la cultura del centro, y no dependa solo de esfuerzos individuales? (equipo directivo)

El liderazgo marca la diferencia. Para que la atención a la alta capacidad no quede en manos de unos pocos, tiene que formar parte del plan de atención a la diversidad, impulsarse en la formación del profesorado y hacerse visible en los proyectos de innovación. Validar y reconocer las buenas prácticas ayuda a que todos sientan que es posible y que merece la pena. Cuando el equipo directivo acompaña de verdad, el cambio no se queda en palabras: llega al aula, y se queda.

¿Cómo puede ayudar un orientador cuando el profesorado no ve la necesidad de actuar? (orientación)

Escuchando primero, acompañando después. No se trata de señalar ni de imponer. Se trata de ofrecer ejemplos reales, de mostrar que atender a un alumno con alta capacidad no es añadir trabajo, sino ajustar el que ya se hace. Y de recordar que nuestra responsabilidad no es confirmar diagnósticos, sino dar respuesta a las necesidades reales del aula. Cuando el profesorado siente que no está solo, que tiene apoyo, es mucho más fácil dar el paso.

¿Cómo puedo atender a un alumno con alta capacidad en una clase llena de alumnos tan diferentes? (docente)

No se trata de hacer más cosas, sino de hacerlas de otra manera. El enfoque multinivel, la compactación o dar opciones de reto permiten que todos avancen desde su punto de partida, sin perder el control ni cargar con más trabajo. Diseñar propuestas abiertas, dar pequeños márgenes de elección o variar la profundidad de las tareas son cambios sencillos pero muy poderosos. No hace falta ser perfecto. Hace falta atreverse a mirar de otra forma… y dar el primer paso.

QR para más

Agradecimientos

A todas esas personas que nos han animado, apoyado y creído en este proyecto desde el primer momento: gracias de corazón. Cada página lleva también un pedacito de quienes habéis hecho posible este camino. Gracias de forma especial a Clara, nuestra editora, por su mirada atenta, su acompañamiento cercano y su confianza en nosotras desde el inicio.

Agradecimiento de Inés

A todo mi alumnado, quienes, sin duda alguna, me han ayudado a querer ser mejor maestra cada día. A todos mis maestros y profesores, de cuyas prácticas, mejores o peores, he podido reflexionar y aprender. A mi querido #claustrovistual, que se han convertido en mi apoyo incondicional, a la par que mi desafío diario y, especialmente, a Ingrid Mosquera, porque sin ella no sería lo mismo. A todos los que nos leen y escriben, comparten, animan y agradecen todos los días por nuestra labor. Y, especialmente, a mi compañera y amiga Susana, sin la que hoy sería la mitad de mí misma.

Agradecimiento de Susana

A quienes creen en una educación más humana, inclusiva y respetuosa. A mi familia, por su apoyo y paciencia infinita. A mis alumnos, por enseñarme cada día el poder de la curiosidad y la diversidad. A los compañeros que han compartido este camino y han apostado por una manera diferente de enseñar. A los chicos y chicas con alta capacidad con los que he tenido la suerte de coincidir: gracias por enseñarme tanto y por regalarme momentos inolvidables. Y a Inés, por su complicidad, su entrega y su entusiasmo contagioso. Este libro nace también de la confianza, la ilusión y el respeto que hemos construido juntas.

Recursos

QR de todos los Recursos Útiles descargables de cada capítulo.

Glosario

En este Glosario encontrarás definiciones breves y claras de los términos clave que aparecen a lo largo del libro, para ayudarte a comprender mejor los conceptos y facilitar su uso en contextos educativos y familiares.

Bibliografía

Alba, C. (2018). *Diseño universal para el aprendizaje*. Madrid: Morata.

Alba Pastor, C (2022). *Enseñar pensando en todos los estudiantes*. SM

Bánfalvi, P. (2020). *La rebelión del talento. Personalizar el aprendizaje desde la comprensión de las altas capacidades*. Málaga: Aljibe.

Bueno, D. (2016). *Cerebroflexia. El arte de construir el cerebro*. Barcelona: Plataforma.

Bueno, D. (2019). *Neurociencia para educadores*. Barcelona: Octaedro.

Collicot, J. (1991). *Impartir una instrucción multinivel*. En: Porter, G. y Richler, D. *Changing Canadian schools* (pp. 191-218). Toronto: G. Allan Roeher Inst.

Csikszentmihalyi, M. (2011). *Fluir (Flow), una psicología de la felicidad*. Barcelona: Debolsillo.

De Bono, E. (2013). *Pensamiento lateral, manual de creatividad*. Barcelona: Paidós.

Dehaene, S. (2023). ¿Cómo aprendemos?: Los cuatro pilares con los que la educación puede potenciar los talentos de nuestro cerebro. Siglo XXI Editores.

Delisle, J. R. (2018). *Doing poorly on purpose*. Alexandria: ASCD and Free Spirit Publishing.

Dweck, C. (2017). *Mindset. La actitud del éxito*. Málaga: Sirio.

Elizondo, C. (2023). Ámbitos para el aprendizaje. Una propuesta interdisciplinar. Barcelona: Octaedro.

Elizondo, C. (2020). *Hacia la inclusión educativa en la Universidad: diseño universal para el aprendizaje y la educación de calidad*. Barcelona: Octaedro.

Elizondo, C. (2020). *Repensar el currículo en la educación. Una oportunidad para transformar.* Aula de Innovación Educativa, 295, 7.

Fernández, J. (2024). *En blanco. Cómo focalizar la atención, la memoria y la motivación para aprender*. Barcelona: Plataforma Actual.

Goleman, D. (2019). *El cerebro y la inteligencia emocional: Nuevos descubrimientos*. Barcelona: Debolsillo.

Guerrero, K. y Guerrero, E. (2025). *Claves para evaluar: Guía práctica para docentes*. Madrid: EDUCA.

Hattie, J. (2017). *Aprendizaje visible para profesores. Maximizar el impacto en el aprendizaje*. Madrid: Paraninfo Universidad.

Marina, J. A. (2012). *La inteligencia ejecutiva*. Barcelona: Ariel.

Marquez, A. (2023) *Situaciones de aprendizaje sin barreras. Caso práctico*. Barcelona. Editorial Graó

Maslow, A. (1972). *El Hombre Autorrealizado, hacia la psicología del Ser*. Barcelona: Pirámide.

Morales, M. y Fernández, J. (2022). *La evaluación formativa. Estrategias eficaces para regular el aprendizaje*. Madrid: SM.

Oakley, B. A. (2018). *Abre tu mente a los números: cómo sobresalir en ciencias aunque seas de letras*. Barcelona: RBA Bolsillo.

Perkins, D. (2010). *Making Learning Whole*. San Francisco: John Wiley & Sons Ltd.

Pfeiffer, S. I. (2017). *Identificación y evaluación del alumnado con altas capacidades: Una guía práctica*. Logroño: Universidad Internacional de La Rioja S.A.

Pfeiffer, S. I. (2019). *Desarrollo social y emocional del alumnado con alta capacidad*. Ed. UNIR.

Renzulli, J. y Reis, S. (2016). *Enriqueciendo el Currículum para todo el alumnado*. Madrid: Ápeiron.

Robinson, K. (2014). *El elemento*. Barcelona: Debolsillo.

Robinson, K. (2016). *Escuelas Creativas*. Barcelona: Debolsillo.

Rose, T. (2017). *Se acabó el promedio*. Madrid: Harper Collins.

Ruiz, H. (2020a). *Conoce tu cerebro para aprender a aprender*. Barcelona: Internacional Science Teaching Foundation.

Ruiz, H. (2020b). ¿Cómo aprendemos? Una aproximación científica al aprendizaje y la enseñanza. Barcelona: Graó.

Ruiz-Martín, H. (2020). ¿Cómo aprendemos?: una aproximación científica al aprendizaje y la enseñanza. Ed. Graó.

Rueda Cuerva, C. (2021). *Educar la atención con cerebro*. Madrid: Alianza Editorial.

Sánchez, B. (2025). *Pues no se te nota. Camuflaje en autismo, altas capacidades intelectuales y TDAH.*

Sanmartí, N. (2020). *Evaluar y aprender: un único proceso*. Barcelona: Octaedro.

Sastre-Riba, S. y Castelló-Tarrida, A. (2020). *Educación de la alta capacidad intelectual*. Síntesis.

Silverman, L. (2002). *UpSideDown, Visual Spatial Learners*. Denver: DeLeon Pub Inc.

Silverman, L. (2013). *101 Giftedness*. New York: Springer Publishing Co Inc.

Swartz, R., Costa, A., Beyer, B., Reagan, R. y Kallick, B. (2013). *El aprendizaje basado en el pensamiento. Cómo desarrollar en los alumnos las competencias del siglo XXI*. Madrid: SM.

Swartz, R. (2018). *Pensar para aprender en el aula. Lecciones de aprendizaje basado en el pensamiento para educación primaria*. Madrid SM.

Tomlinson, C. A. (2008). *El aula diversificada. Dar respuesta a las necesidades de todos los estudiantes*. Octaedro.

Tourón, J. (2012). *El Agrupamiento por capacidad en el caso de los alumnos más capaces*. www.researchgate.com

Tourón, J., Peralta, F. y Reparáz, Ch. (1998). *La superdotación intelectual: modelos, identificación y estrategias educativas*. Navarra: EUNSA.

Vergara, J. (2015). *Aprendo porque quiero*. Madrid: SM.

Willingham, D. T. (2023). *Sé más listo que tu cerebro: Por qué aprender es difícil y cómo puedes hacerlo fácil*. Ediciones Obelisco.

Blogs

Altas-capacidades.es

Recursos prácticos, artículos divulgativos y materiales para docentes y familias. Ofrece una mirada actual, cercana y útil sobre la alta capacidad.

Bloomanía – bloomania.es

Blog centrado en cultura de pensamiento, destrezas de pensamiento visible y aprendizaje cooperativo. Inspirador para transformar la práctica docente.

Domingo Chica – domingochica.com

Blog educativo que ofrece experiencias, recursos y reflexiones sobre la enseñanza y el aprendizaje.

Investigación Docente – investigaciondocente.com

Divulgación educativa basada en evidencias.

Javier Tourón – javiertouron.es

Blog de referencia sobre talento, evaluación e investigación educativa. Aporta una visión académica rigurosa y actualizada.

Luz Pérez – luzperez.es

Incluye artículos y materiales sobre identificación y atención a AACC. Contiene sus cuestionarios de detección y publicaciones más destacadas.

Mamá Valiente – mamavaliente.com

Blog centrado en doble excepcionalidad, alta sensibilidad y crianza respetuosa. Ofrece una mirada íntima, comprometida y práctica.

https://pz.harvard.edu/

Iniciativa de la Universidad de Harvard centrada en el pensamiento, la creatividad y la comprensión profunda en la educación. Ideal para cultura de pensamiento y aprendizaje significativo.

EN LA MISMA COLECCIÓN

Chomsky (I) Teoría Lingüística y filosofía del lenguaje
Bricmon, Jean; Franck, Julie

Chomsky (II) Chomsky y la intelligentsia
Bricmon, Jean; Franck, Julie

Pedagogía: Diccionario de conceptos claves
Raynal, Françoise; Rieunier, Alain

Aprendizaje por competencias
Beckers, Jacqueline; Crinon, Jacques; Simons, Gemain

La organización pedagógica
Philippe Perrenoud

Trastorno por Déficit de Atención e Hiperactividad
Daniele Fedeli

El Síndrome de Asperger
Matt Winter, Clare Lawrence

Cómo acompañar al alumno con trastornos del aprendizaje
Marie-Jeanne Petiniot

Ser profesor. Viaje al centro de la vocación escolar
Denis Dougé

Talleres Montessori en la escuela
Béatrice Missant

Tecnologías digitales en la escuela
Bruno Devauchelle

La pedagogía Montessori en la Escuela Infantil
Marguerite Morin

Niños y adolescentes en mutación
Jean-Paul Gaillard

Niños y adolescentes con grandes dificultades
Jean-Paul Gaillard

La inteligencia sensológica
Carles Bayod Serafini

Lo que la escuela puede hacer todavía por la democracia
Philippe Meirieu

Acoso escolar: vencerlo es posible
Jean-Pierre Bellon - Bertrand Gardette - Marie Quartier

Lorenzo Milani. No hemos odiado a los pobres.
Cien cartas en su centenario (1923-2023)
Edición y tradución José Luis Corzo

El banquete de los pedagogos
Sílvia Martínez Caballé - Toni Ribas Galobardes